DE GRUYTER
SAUR

Philippe Genêt, Ilias Kyriazis, Andrea Lehr (Hg.)

{COD1NG DA V1NC1}

DAS PLAYBOOK

Schritt für Schritt zum eigenen Kultur-Hackathon

Coding da Vinci ist zu einer Bewegung für offene Kulturdaten geworden: Werden Sie jetzt ein Teil davon!

Die Coding da Vinci-Gründer*innen (v.l.n.r.):
Stephan Bartholmei, Helene Hahn, Anja Müller, Barbara Fischer

Der Kultur-Hackathon Coding da Vinci wurde von 2019 bis 2022 im Programm Kultur Digital der Kulturstiftung des Bundes gefördert.

Kultur Digital · Kulturstiftung des Bundes · Die Beauftragte der Bundesregierung für Kultur und Medien

www.kulturstiftung-bund.de/kulturdigital

INHALT

DAS CODING DA VINCI-TOOLKIT

Mit diesem Symbol sind hilfreiche Unterlagen wie Checklisten, Merkblätter oder anderes Organisationsmaterial markiert, die im Coding da Vinci-Toolkit (nach Kapiteln geordnet) heruntergeladen werden können:

https://www.degruyter.com/document/doi/10.1515/9783111085883/html

Ziel

Brainstorm

Teamwork

Timing

Programmierung

Entwicklung

VORWORT DER GRÜNDER*INNEN

SESAM ÖFFNE DICH – KULTURWANDEL ANSTOSSEN UND GESTALTEN

Bei der Entwicklung des Kultur-Hackathons „Coding da Vinci" leitete uns keine geringere Frage als die, wie wir Kulturgeschichte(n) in die Zukunft begleiten: Wie kann das, was Gedächtnis- und Kulturinstitutionen als kulturelles Erbe bewahren, digital aufgegriffen, genutzt, in neue Kontexte gestellt und als neue Geschichten erzählt werden? Im Zuge gesellschaftlicher Transformation wollen und müssen sich auch Kultur- und Gedächtnisinstitutionen neu erfinden und öffnen. Es geht darum, eine inklusive Erinnerungskultur auch im digitalen Raum zu gestalten, die möglichst alle Mitglieder der Gesellschaft einschließt. Coding da Vinci ist ein spielerischer Ansatz für diesen Transformationsprozess.

Die Idee: Kultur- und Gedächtnisinstitutionen geben ihre Digitalisate und Kulturdaten für kollaboratives und kollektives Arbeiten frei. In Kulturhackathons kommen Menschen aus Kultur- und Technikwelten zusammen und schaffen mit offenen Kulturdaten Neues: In einer mehrwöchigen Sprintphase entwickeln Teams aus Hacker*innen gemeinsam mit Kulturinstitutionen Prototypen für Apps, Webseiten, Datenvisualisierungen, Spiele oder interaktive Installationen. Mit fast 500 Datensets aus 360 Kultur- und Gedächtnisinstitutionen sind seit 2014 mehr als 220 unterschiedliche Projekte und Prototypen entstanden. Sie zeigen auf überraschende und inspirierende Weise, wie Sammlungsobjekte auf neue Art vermittelt und genutzt werden können und wie ko-kreative digitale Teilhabe am kulturellen Erbe zeitgemäß aussehen kann – oft spielerisch, manchmal lehrreich und informativ, zum Nachdenken anregend, kritisch und hinterfragend. Kulturdaten verhelfen dem kulturellen Erbe zu neuem Leben.

Möglich war und ist der Neubeginn vor allem mit Offenheit auf allen Ebenen: Die Kulturdaten – seien es Mediendateien wie Bilder, Videos oder Audiofiles – müssen unter freien Lizenzen (CC-Lizenzen oder Public Domain) stehen und als offene Datenformate zur Verfügung gestellt werden. Die technischen Voraussetzungen für die Freigabe und Verwendung der Datensets müssen ebenfalls stimmen. Last, but not least müssen auch die Kultur- und Gedächtnisinstitutionen diesen wichtigen Schritt der Öffnung vollziehen, damit ihre Daten genutzt, verändert, vervielfältigt und rekontextualisiert vermischt werden können und dürfen. Daher ist bei den Einrichtungen die Haltung und Bereitschaft zur Öffnung und zur Abgabe der Kontrolle und Deutungshoheit über ihre Daten eine zentrale Komponente: Die Daten verlassen ihr gewohntes Kultur-Umfeld und werden in neue technologische wie narrative Zusammenhänge gestellt. Das Loslassen, Teilen und Neu-Erfinden braucht Bereitschaft zum Haltungs- und Kulturwandel der Institutionen. Diese Praxis verändert das Verhältnis von Institution und Publikum, das von Teilnehmenden zu Mitgestaltenden wird. Dieser Prozess wurde durch Coding da Vinci in den Institutionen angestoßen und von diesen erfolgreich umgesetzt. Nachhaltig unterstützt hat uns dabei die Kulturstiftung des Bundes mit einer vierjährigen Förderung im Programm Kultur Digital.

NACHMACHEN AUSDRÜCKLICH ERLAUBT – DAS PLAYBOOK

14 Kulturhackathons hat es von 2014 bis 2022 gegeben – die Veranstaltungsreihe selbst hat sich über die Zeit fortwährend verändert. Es ging vom hauptstädtischen Zentrum in unterschiedliche Regionen Deutschlands, es wurden Kooperationen über Institutions- und sogar Landesgrenzen hinweg geknüpft, das Präsenzformat wurde in den virtuellen Raum transferiert und dann hybrid durchgeführt. Die Organisationsteams der Hackathons haben wichtige Erfahrungen gesammelt, die es jetzt zu teilen gilt. Denn genauso wie es um Öffnung und Teilen bei den Hackathons geht, wollen wir die gesammelten Erfahrungen weitergeben und nachnutzbar machen.

Coding da Vinci ist flügge geworden, das Gründer*innenkonsortium entlässt das Format in die große Kulturwelt und ruft ausdrücklich zum Nachmachen auf. Das Playbook kann und will inspirieren und Ideen geben, wie ein Kulturhackathon geplant und umgesetzt werden kann: als Inspiration für neue co-kreative Formate, zum Verwenden im Ganzen, in Teilen, oder nur einzelner Elemente – ganz nach Geschmack. Wir sind gespannt, was mit und aus dem Playbook entstehen wird. Und freuen uns, wenn Nachahmer*innen zeigen, dass sie den Coding da Vinci-Geist weitertragen, indem sie ihr Format „inspired by Coding da Vinci" durchführen. Wir laden alle, die das tun möchten, herzlich ein, dies durch Unterzeichnung der Coding da Vinci-Absichtserklärung zu verdeutlichen.

Mit dem Schreiben dieses Textes geht eine Ära zu Ende, Coding da Vinci zieht in die Welt hinaus und wir schauen glücklich nach vorne und blicken dankbar zurück.

Die Absichtserklärung befindet sich im Toolkit in Ordner 0_Vorwort.

DANKE!

Danken möchten wir Gründer*innen an dieser Stelle ausdrücklich den Mitarbeiter*innen der Geschäftsstelle von Coding da Vinci, allen Kolleg*innen der Regionalteams sowie den teilnehmenden Institutionen, die sich auf das Experiment Coding da Vinci eingelassen haben. Vor allem gilt unser Dank aber den vielen engagierten Teilnehmenden aus acht Jahren Kulturhackathon, die dem digitalen Kulturerbe zu neuem kreativen Leben verholfen haben.

Kapitel 1

EINLEITUNG

Hier geht es um die ganz grundsätzlichen Fragen: Was ist ein Hackathon und warum eignet er sich (auch) für Kulturdaten? Was ist das Besondere am Coding da Vinci-Format? Welche Grundzutaten braucht es dafür und was kommt am Ende dabei heraus?

Das Coding da Vinci-Playbook ist ein Kochbuch: Probieren Sie das ganze Menü, einzelne Gänge oder nur bestimmte Zutaten aus – ganz nach Geschmack.

Kulturinstitutionen müssen sich im digitalen Zeitalter den digitalen Realitäten stellen

WARUM EIN KULTUR-HACKATHON?

Ein Hackathon ist im Allgemeinen ein Veranstaltungsformat, das binnen kurzer Zeit möglichst viele kreative Lösungsansätze für eine bestimmte Aufgabenstellung oder ein spezifisches Problem generieren soll. Idealerweise bringt er eine große Zahl von Menschen mit verschiedenen Hintergründen aus unterschiedlichen Disziplinen und Bereichen zusammen, so dass aus dem Wechselspiel und der Reibung ihrer jeweiligen Perspektiven neue Ideen entstehen können.

Bei Coding da Vinci (CdV) lauteten die Fragen von Beginn an: Wie schaffen wir Zugänge zum digitalen Kulturerbe, um es konkret erlebbar zu machen? Und damit verbunden: Wie lässt sich die Sichtbarkeit offener Kulturdaten erhöhen?

Wenn Kulturinstitutionen im digitalen Zeitalter konkurrenzfähig und relevant bleiben wollen, müssen sie sich den digitalen Realitäten stellen. Ein Kultur-Hackathon ist ein Schritt in diese Richtung. Das Format bedeutet einen gewissen Grad an Öffnung und verlangt definitiv Wagemut. Schließlich geht der Auftrag von Kultureinrichtungen – kulturelles Erbe zu bewahren, zu erschließen, zugänglich zu machen und schließlich auch zu vermitteln – traditionell mit der Deutungshoheit über die eigenen Sammlungen und Artefakte einher. Gerade dieser Auslegungsanspruch wird bei einem Kultur-Hackathon infrage gestellt. Die Institutionen geben die Kontrolle ab und gehen mit offenen Daten in die Veranstaltung. Daten, die der Allgemeinheit gehören und mit denen die Teilnehmenden – Entwickler*innen, Designer*innen, Kreative aller Couleur – frei umgehen können.

Ein Kultur-Hackathon wie Coding da Vinci schlägt die Brücke zwischen Institutionen und Communities, zwischen der Kultur- und der Technikwelt. Er bietet die Möglichkeit, das Experimentieren mit den Datensets in einem geschützten Setting zu erproben und schafft niederschwellige Zugänge gerade auch für jüngere, digitalaffine Interessengruppen, die bis dato vielleicht nur wenig mit Kulturerbereinrichtungen in Berührung gekommen sind. Offenheit ist dabei das Schlüsselwort. Für alle Beteiligten – und auch hinsichtlich der Ergebnisse.

DIE IDEE UND GESCHICHTE HINTER CODING DA VINCI

Coding da Vinci wurde 2014 in Berlin von Mitarbeitenden der Deutschen Digitalen Bibliothek (DDB), dem Forschungs- und Kompetenzzentrum Digitalisierung Berlin (digiS), der

Open Knowledge Foundation und Wikimedia Deutschland e.V. ins Leben gerufen – als erster Kultur-Hackathon seiner Art in Deutschland. Hinter dem anfangs von klassischem Do-it-yourself-Idealismus getragenen Projekt stand die Überzeugung, dass in der Zivilgesellschaft eine große Nachfrage existiert, mit offenen Kulturdaten umzugehen. Von Beginn an war daher klar, dass auch die entstehenden Anwendungen offen zur Nachnutzung sein sollen.

Nicht zuletzt zielte CdV darauf, einen Kulturwandel innerhalb der Institutionen anzustoßen, mehr Bewusstsein für die enormen Potenziale zu schaffen, die in der Nachnutzung ihrer Daten liegen.

In der Gründungsphase des Hackathons war bei vielen Kulturinstitutionen noch eine gewisse Skepsis bezüglich der Öffnung ihrer Daten verbreitet. Umgekehrt hatten manche Einrichtungen ihre Daten bereits offen bereitgestellt, standen aber vor der Frage, welchem Verwendungszweck sie dienen sollten? Eine Antwort darauf gab Coding da Vinci, verbunden mit der für die Institutionen einmaligen Möglichkeit, den Prozess der kreativen Datentransformation aktiv mitzuerleben, im Idealfall sogar mit gestalten zu können. Eine Chance, die immer mehr Kultureinrichtungen erkannten und ergriffen.

Einige der Ansprechpersonen hatten gar die Befürchtung, bei einem Hackathon könne es sich um eine computerkriminelle Veranstaltung handeln.

Für die erste bundesweite Ausgabe 2014 stellten 16 Museen, Archive, Bibliotheken und Forschungsinstitute ihre Daten zur Verfügung, im folgenden Jahr waren es bereits doppelt so viele. 2016 fand mit „Coding da Vinci Nord" der erste regionale Kultur-Hackathon statt. Der Gedanke dahinter war, Teilnehmende und Institutionen noch effektiver zu vernetzen, als es bei einem zentralen Event in Berlin möglich war. Open Data- und Creative Tech-Communities und Einrichtungen aus der Region sollten langfristige persönliche und berufliche Kontakte knüpfen können, die nicht an geografischen Distanzen scheitern.

Durchgeführt wurden Ausgaben wie „Coding da Vinci Ost^3" oder „Coding da Vinci Westfalen-Ruhrgebiet" von lokalen Veranstaltungsteams, idealerweise paritätisch mit Vertreter*innen der Communities und der Kulturinstitutionen besetzt. Insgesamt zwölf solcher regionalen CdVs fanden bis 2022 statt, darunter 2020 der erste internationale Kultur-Hackathon „Saar-Lor-Lux" – als deutsch-französisch-luxemburgisches Gemeinschaftsprojekt pandemiebedingt erstmals im vollständig digitalen Veranstaltungsformat.

Einen entscheidenden Professionalisierungsschub hatte Coding da Vinci bereits ein Jahr zuvor erfahren: Die Kulturstiftung des Bundes förderte das Projekt im Rahmen des Programms „Kultur digital" für den Zeitraum 2019 bis

14 Kultur-Hackathons in 8 Jahren in (fast) ganz Deutschland

2022 mit rund 1,2 Millionen Euro. Was nicht nur zur Einrichtung einer bei der Deutschen Nationalbibliothek in Frankfurt am Main angesiedelten Geschäftsstelle mit drei festen Mitarbeitenden führte, sondern auch acht weitere Coding da Vinci-Ausgaben an verschiedenen Standorten sicherte sowie die Vergabe von Stipendien erlaubte. Letztere sollten Teilnehmenden das Weiterarbeiten an besonders vielversprechenden Prototypen ermöglichen. Insgesamt wurden im Förderzeitraum 32 Stipendien vergeben.

Nicht die einzige Erfolgszahl im CdV-Kontext: Rund 360 Institutionen haben in den acht Projektjahren fast 500 Datensets zur Verfügung gestellt, über 200 Projekte sind daraus entstanden, mehr als 2.000 Menschen haben die Veranstaltungen als Teilnehmende geprägt oder als Besucher*innen begleitet. Aus einer Grassroots-Unternehmung ist eine Institution geworden, die für einen ganz eigenen Spirit steht.

> Über 200 Projekte sind entstanden

362 Institutionen | **488** Datensets | **217** Projekte

Erfolgszahlen im CdV-Kontext

WAS MACHT CODING DA VINCI BESONDERS?

Neben dem offensichtlichen Fakt, dass es bei CdV explizit um Kulturdaten geht, gibt es weitere Aspekte, die diesen Hackathon von anderen unterscheiden. Zum einen spielt die Zeit, die den Teams zur Entwicklung ihrer Projekte zur Verfügung steht, eine wichtige Rolle als Brückenbauerin zwischen den Kreativen und den Kulturerbeinstitutionen. Während ein klassischer Hackathon sich in der Regel auf ein Wochenende beschränkt, erstreckt sich Coding da Vinci meist über sechs bis zehn Wochen – die sogenannte Sprintphase, eingeleitet durch eine zweitägige Kick-Off Veranstaltung, bei der die Datensets der Institutionen präsentiert werden und sich Projektteams bilden, die dazu ihre Ideen entwickeln. Durch diesen großzügig gesetzten Rahmen entsteht der Raum für echte Begegnungen und Austausch zwischen der Kultur- und Technikwelt.

Mehr Zeit für bessere Ergebnisse: die Coding da Vinci-Timeline

Für ein kreatives Miteinander ohne hierarchische Unterschiede oder Machtgefälle. Am Ende dieser Zeit steht die Preisverleihung, bei der die besten, außergewöhnlichsten, witzigsten oder technisch ausgefeiltesten Projekte prämiert werden. Allerdings - auch das ist wesentlich für den Geist von Coding da Vinci - gibt es keine Geldpreise. Es geht um die Motivation der Teilnehmenden aus sich selbst heraus, nicht darum, äußere Anreize zu setzen. Was zu einem weiteren wichtigen Aspekt führt: der Voraussetzungslosigkeit, die Basis für kreative Freiheit ist.

Coding da Vinci stellt keine Aufgaben, ruft keine Challenges aus, schafft keinerlei Druck. Der Kultur-Hackathon ist eine Einladung zum Experimentieren, Spielen, Scheitern. Frei von Lieferzwängen. Nur so entfaltet sich die besondere Atmosphäre der Veranstaltung, die getragen wird von der Inspiration und Begeisterung aller Beteiligten. Auch die datengebenden Institutionen brennen in der Regel für ihre Digitalisate - was den kreativen Funken überspringen lässt.

Es handelt sich eben nicht etwa um rein technische Daten, sondern um solche, mit denen sich Geschichten erzählen lassen - weil sie Geschichte sind. So reich und divers die Datensets sind, so unbegrenzt sind die Möglichkeiten, mit ihnen zu experimentieren.

Einige zufällige Beispiele

Bei den Jesuitentafeln aus dem Stadtmuseum Landsberg am Lech handelt es sich um 162 kleinformatige Kupferstiche, die vom Schicksal verdienter Ordensbrüder des 17. Jahrhunderts erzählen. Entstanden ist daraus unter anderem das Projekt „162 ways to die", das mit Holzfiguren nach dem Toniebox-Prinzip die Geschichten der Jesuiten hörbar macht. Oder eine Sammlung internationaler Postbeutel des Museums für Kommunikation Nürnberg - Inspiration etwa für die Anwendung „Global Postmaster", die durch die Zuordnung der bunten Säcke spielerisch geografisches Wissen vermittelt. Oder die Insektenkästen des Museums für Naturkunde Berlin, die ebenfalls eine Reihe von Projekten angestoßen haben: vom „Cyberbeetle" (einem beweglichen Roboterkäfer) bis zu „Haxorpoda Collective", einer Anwendung, mit der sich Insekten ausschneiden, sortieren und zu individuellen Postern zusammenstellen lassen.

WELCHE GRUNDZUTATEN SIND VERLANGT?

Das Gelingen eines Hackathons hängt von einer Vielzahl von Faktoren ab. Drei wesentliche Bedingungen aber sollten erfüllt sein: Offenheit, Gleichberechtigung und interdisziplinäre Zusammenarbeit. Nur auf den ersten Blick Selbstverständlichkeiten.

Offenheit meint die Bereitschaft aller Beteiligten, sich auf einen Prozess einzulassen, bei dem die Überraschung Prinzip ist. Die Kulturerbeinstitutionen geben die Deutungshoheit über ihre Daten ab und lassen den Ideen der Open Data- und Creative Tech-Communities ihren Lauf. Die Projektteams wiederum öffnen sich den (zumeist) unbekannten Datensets und ihren Themen, um deren Potenziale zu bergen.

Echte Gleichberechtigung wiederum verlangt oft einen Mindshift. Zwar ist im Kontext der Kultureinrichtungen oft von den Datengebern die Rede – das soll jedoch kein hierarchisches Gefälle implizieren. Bei einem Kultur-Hackathon sind alle aus demselben Grund versammelt: Um etwas Neues zu erfahren, etwas Neues zu erschaffen. Die Institutionen bringen viel Wissen über ihre Daten mit. Auf der anderen Seite aber besitzen die Teilnehmenden ein Wissen darüber, was mit diesen Daten möglich ist, das den Einrichtungen oft fehlt. Diese wechselseitigen Expertisen sollen Anerkennung und Wertschätzung finden.

Die interdisziplinäre Zusammenarbeit schließlich ist die Basis für den Perspektivreichtum, der Neues entstehen lässt. Sie sollte darum eben nicht nur zwischen Communities und Kulturerbeinstitutionen stattfinden – sondern idealerweise auch innerhalb der Projektteams. Die Erfahrung der CdV-Jahre hat gezeigt, dass gerade solche Teams, in denen auch Menschen aus technikfernen Bereichen oder Disziplinen ihre Ideen einbringen konnten, oft zu besonders kreativen Ansätzen gefunden haben. Ein Hackathon wie CdV steht allen offen, die ein Interesse am experimentellen, explorativen Umgang mit Kulturdaten mitbringen.

Offenheit, Gleichberechtigung und interdisziplinäre Zusammenarbeit

WELCHE ERGEBNISSE SIND ZU ERWARTEN?

Generell lässt sich ein Hackathon durch eine Reihe von Stellschrauben beeinflussen, von denen wiederum abhängt, welche Ergebnisse zu erwarten sind. Es besteht zum Beispiel die Möglichkeit, eine konkrete Problemstellung zu formulieren. Ebenso lässt sich der Kreis der Teilnehmenden steuern – über gezieltes Headhunting, das Ausloben von Preisgeldern oder andere Angebote.

Ein berühmtes Beispiel für eine konkrete Aufgabenstellung liefert das soziale Netzwerk Facebook. In seiner Frühzeit stand es vor der Frage: Wie können wir die Feedback-Kultur so einfach wie möglich gestalten? Das Ergebnis des unternehmensinternen Hackathons zu dieser Frage war der weltbekannte Like-Button.

All das stand bei Coding da Vinci nie im Fokus.

Das Wesen dieses Kultur-Hackathons ist die völlige kreative Freiheit, die oft zu den erstaunlichsten Ergebnissen geführt hat. Überraschendere Resultate als sie bei einer konkreten Aufgabenstellung (etwa: eine App zu entwickeln, die Besucher*innen einen Mehrwert aus digitalen Sammlungsobjekten ziehen lässt) hätten entstehen können.

CdV war von Beginn an nicht darauf ausgelegt, marktreife Produkte oder konkret verwertbare Projekte zu generieren. Vielfach sind solche entstanden – jedoch absichtslos.

Bei Coding da Vinci geht es um das Erlebnis. Nicht um das Ergebnis.

Erlebnis statt Ergebnis

Take Home Messages

- Kreativität entsteht aus dem Zusammenprall verschiedenster Perspektiven.
- Drei Grundzutaten: Offenheit, Gleichberechtigung, interdisziplinäre Zusammenarbeit
- Kein Erfolgsdruck: Das Experiment steht im Vordergrund, Scheitern ist erlaubt.
- Coding da Vinci ist nur EINE Möglichkeit, einen Hackathon durchzuführen – eigene Varianten sind möglich, erlaubt und erwünscht!

Kapitel 2

DATEN

Daten sind das Rohmaterial, aus dem im Hackathon die Anwendungen entstehen. Hier erklären wir, welche Daten infrage kommen und wie sie aufbereitet sein müssen – im Hinblick auf Qualität und Lizenzierung. Wir weisen den Weg zum perfekten Datenset und geben schließlich Hinweise, wie die Daten präsentiert werden können, damit Teilnehmende Lust haben damit zu arbeiten.

Qualitativ hochwertige Daten sind die beste Basis für kreative Anwendungen.

WELCHE DATEN SIND GEEIGNET?

Für einen Kultur-Hackathon wie Coding da Vinci stellen Museen, Bibliotheken oder Archive → DATENSETS zur Verfügung. Je klarer der Kontext dieser Datensets ist, desto inspirierender sind sie für die Hackathon-Teilnehmenden.

Ein Datenset beinhaltet sowohl -o (Medien)Dateien als auch die Metadaten, die diese Dateien beschreiben. Beide sind gleichermaßen wichtig und sollten von den Datengeber*innen zur Verfügung gestellt werden. Viele Datengebende, aber auch die Nutzer*innen, lassen sich bei der Auswahl der Datensets von deren visueller Attraktivität leiten. Aber ohne Metadaten lassen sich die digitalisierten Objekte nur schwer (maschinell) verarbeiten.

Grundsätzlich gilt: Je detaillierter ein Datenset einschließlich Metadaten ist, desto besser. Keine Angst vor zu großer Komplexität – in der Regel gibt es in jedem Projektteam mindestens eine Person, die Daten aufbereiten und herausfiltern kann, was gebraucht wird.

→ DATENSETS

Als Datenset bezeichnen wir eine Gruppe von Daten, die inhaltlich zusammenhängen. Zum Beispiel Bilder von bestimmten Künstler*innen, aus einer spezifischen Periode, zu einem gemeinsamen Thema oder aus einer bestimmten Ausstellung.

(Medien) Dateien und Metadaten

Als (Medien)Dateien bezeichnet man z. B. Bilder von Objekten, Tonaufnahmen oder Videos, aber auch Sammlungen geografischer Daten. Die mögliche Spanne dessen, was eine (Medien)Datei sein kann, ist breit.

Daten, welche die Eigenschaften der digitalisierten Objekte in strukturierter Weise beschreiben – etwa das Entstehungsdatum eines Werks, dessen Urheber*in, den Entstehungsort, den Zeitpunkt der Erwerbung oder die Inventarnummer – bezeichnet man als Metadaten. Zu den Metadaten gehört auch die Lizenz, unter der das jeweilige Digitalisat zur Verfügung gestellt wird, sowie dessen Dateiname und -größe.

Hilfreiche Leitfragen für die Auswahl geeigneter Datensets bietet das Dokument „Fragenkatalog" im Toolkit-Ordner 2_Daten.

FRAGEN IM VORFELD

Bei der Auswahl des Datensets für den Hackathon sollten sich Kulturinstitutionen zunächst fragen: Wen wollen wir damit erreichen?

- Gibt es ein Datenset, das für eine bestimmte Zielgruppe, beispielsweise Kunst- und Kulturinteressierte, Wissenschaftler*innen, Forscher*innen oder Gamer*innen besonders interessant sein könnte?
- Verfügt eine der Sammlungen über ein Datenset, das gerade auch ein nichtwissenschaftliches Publikum anspricht?
- Liegt ein unerschlossenes oder nur in Teilen erschlossenes Datenset vor, auf das im Hackathon eine neue Perspektive gewonnen werden könnte?
- Laden die Daten dazu ein, mit ihnen interaktive Anwendungen zu erstellen?
- Sind qualitativ hochwertige Metadaten vorhanden?
- Und welche Fragen können sie beantworten?

(Medien)Dateien und Metadaten müssen offen zur Verfügung stehen.

OFFENE DATEN

Eine grundlegende Voraussetzung für die Eignung eines Datensets ist seine Offenheit. Sowohl die (Medien)Dateien als auch die Metadaten müssen offen zur Verfügung stehen, damit die Projektteams frei mit ihnen arbeiten und Neues mit ihnen erschaffen können. Das betrifft zunächst die Frage der Lizenzen.

Wie viele Datensets braucht ein Hackathon?

Bei Coding da Vinci – wo meist 20 und mehr Datengeber*innen vertreten waren – hat sich die Beschränkung auf ein Datenset pro Institution bewährt, auch um Gerechtigkeit zwischen großen und kleinen Kultureinrichtungen zu gewährleisten. Veranstaltet eine Institution einen Kultur-Hackathon ausschließlich mit den eigenen Daten, empfiehlt es sich freilich, mehrere Datensets anzubieten, um eine größere Bandbreite von Projekten zu ermöglichen.

OFFENE LIZENZEN

Die meisten Datensets, die bei Coding da Vinci eingereicht wurden, standen unter Public Domain Mark (PD) zur Verfügung – also frei von urheberrechtlichen Einschränkungen. Bilder in Public Domain sind beispielsweise Werke von Künstler*innen, die vor mehr als 70 Jahren gestorben sind.

Gut verwendbar sind aber auch (Medien)Dateien und Metadaten, die unter Creative Commons Lizenzen bereitstehen, also entweder:

- **CC0** = die Daten dürfen frei genutzt werden ohne weitere Bedingungen oder Angaben,
- **CC BY** = die Urheber*innen müssen genannt werden, die Daten dürfen geteilt, verändert und kommerziell genutzt werden, oder
- **CC BY-SA** = Namensnennung und Wiederveröffentlichung unter gleichen Bedingungen (SA = Share Alike), die Daten dürfen geteilt, verändert und kommerziell genutzt werden.

Restriktivere Lizenzen waren bei Coding da Vinci nicht zugelassen. Auch nicht CC-Lizenzen, die eine kommerzielle Nutzung ausschließen. Schließlich werden dadurch viele wichtige Nutzungsarten unterbunden, etwa die Verwendung in freien Wissensgemeinschaften und Archiven.

In den meisten Fällen sind die Kulturinstitutionen selbst die Rechteinhaber bzw. haben weitreichende Nutzungsrechte und können daher selbst entscheiden, ihre Daten unter freier Lizenz zur Verfügung zu stellen – ausdrücklich nicht nur für den Kultur-Hackathon, sondern auch darüber hinaus.

In der Regel sind Rechtefragen leicht zu klären, wenn es sich bei den (Medien)Dateien um Bilder handelt. Problematischer kann der Fall bei Musik- oder Videodateien liegen, die oft noch urheberrechtlich geschützt sind, und/oder bei denen die freie Lizenzierung die Zustimmung mehrerer Beteiligter voraussetzen würde.

Weitere Informationen zu Creative Commons: https://creativecommons.org/licenses/?lang=de

Nähere Erläuterungen zu den (meist ungewollten) Aus- und Nebenwirkungen von sogenannten Non-Commercial-Lizenzen: https://commons.wikimedia.org/wiki/File:Freies_Wissen_dank_Creative-Commons-Lizenzen_Folgen,_Risiken_und_Nebenwirkungen_der_Bedingung_nicht-kommerziell_%E2%80%93_NC.pdf

Ausführliche Informationen zu offenen Kulturdaten bietet diese Broschüre: https://opus4.kobv.de/opus4-zib/files/5913/Handreichung_OpenGLAM_2016.pdf

OFFENE FORMATE

→ **OFFENE FORMATE**
Eine .doc-Datei etwa ist kein freies Format, da sie ausschließlich mit Hilfe des Programms Microsoft Office gelesen werden kann. Im Kontext von Coding da Vinci waren stets nur Formate zugelassen, die nicht proprietär sind. Zum Beispiel .txt- statt .doc-Dateien.

Nicht nur offene Lizenzen sind Voraussetzung für ein Hackathon-taugliches Datenset, sondern auch → OFFENE FORMATE. Das gilt sowohl für die (Medien)Dateien als auch für die Metadaten.

Daten, insbesondere Metadaten, müssen maschinenlesbar sein, damit sie bei einem Hackathon eingesetzt werden können. Wo etwa Metadaten tabellarisch aufgeführt sind, ist im Sinne der Offenheit das Format CSV (Comma Separated Values) statt der (proprietären) Excel-Tabelle (.xls bzw. .xlsx) zu empfehlen. Auch JSON (JavaScript Object Notation) ist ein maschinell gut lesbares Format.

Wo es sich um Mediendateien handelt, haben sich Formate wie JPEG, TIFF, PNG oder GIF bewährt. Wichtig ist, dass Bilder hoch aufgelöst sind. Sie sollten mindestens 300 dpi beinhalten und 1440 Pixel breit sein. Je hochwertiger die Qualität der Daten ist, desto größter die Lust der Projektteams, mit ihnen zu experimentieren.

Hochwertige Datenqualität fördert die Lust auf Experimente.

DATEN BEREITSTELLEN

Bei jedem Kultur-Hackathon ist es wichtig, dass alle zur Verfügung gestellten Datensets nicht nur offen, sondern auch öffentlich und ohne Einschränkungen wie Registrierung oder Authentifizierung online zugänglich sind. Den Organisator*innen eines Hackathons bieten sich dafür mehrere Möglichkeiten: Falls sie über ein eigenes Online-Portal verfügen, können sie die Daten dort abrufbar machen. Oder sie nutzen eine große Datenplattform wie Wikimedia Commons, Wikidata oder die Deutsche Digitale Bibliothek, um die Daten zur Verfügung zu stellen.

Coding da Vinci hat den Kultureinrichtungen einen eigenen Nextcloud-Server angeboten, um ihre Datensets hochzuladen – eine dritte Möglichkeit. Die Daten bleiben dort über den Zeitraum des jeweiligen Hackathons sowie über das Ende des Projekts Coding da Vinci hinaus gespeichert – gemäß der Philosophie der Offenheit des Hackathons und im Sinne der Nachhaltigkeit.

Der Coding da Vinci-Datenschatz

Auf der Coding da Vinci-Homepage sind die Datensets unter https://codingdavinci.de/de/daten auffindbar. Interessierte können gezielt nach Datensets einzelner CdV-Ausgaben, nach Objekttypen, Lizenzen oder Institutionen suchen, die dort verlinkt sind. Es finden sich jeweils ausführliche Beschreibungen der Mediendateien und Metadaten (Formate, Lizenzen etc) sowie Angaben zu den Projekten, die aus den jeweiligen Datensets entstanden sind.

WIKIMEDIA COMMONS UND WIKIDATA

Neben dem Coding da Vinci-Server gibt es für Kulturinstitutionen auch die Möglichkeit, ihre Datensets auf den Wikimedia-Projekten Wikimedia Commons und Wikidata zur Verfügung zu stellen, wo sie ebenfalls dauerhaft unter freier Lizenz verfügbar bleiben und im Sinne von CdV weiter bearbeitet und verwendet werden können.

Wikimedia Commons ist eine stetig wachsende Mediensammlung für gemeinfreie und frei lizenzierte Fotos, Grafiken, Audio- und Videodateien, aus der unter anderem auch die Wikipedia ihre Bilder, Grafiken und Videos bezieht. Die Sammlung wird von Ehrenamtlichen und Kulturinstitutionen zusammengetragen, aufbereitet und online gestellt.

Wikidata ist eine freie Wissensdatenbank, die als zentraler Speicher für strukturierte Daten fungiert und allen die Möglichkeit bietet, Entitäten zu beschreiben und existierende Datensätze anzureichern. Der Inhalt von Wikidata ist unter einer freien Lizenz verfügbar, wird unter Verwendung von Standardformaten exportiert und kann mit anderen offenen Datensätzen im Linked-Data-Web verknüpft werden. Wikidata ermöglicht es, Verbindungen zwischen verschiedenen Entitäten (= eindeutig zu bestimmenden Objekten) visuell darzustellen.

VOM ONBOARDING BIS ZUM KICK-OFF: DATENBERATUNG

Bei Coding da Vinci hat es sich bewährt, ins Organisationsteam jedes Hackathons mehrere Datenberater*innen einzubinden, die jeweils verschiedene Kultureinrichtungen betreuen. Diese Datenexpert*innen gingen aktiv

DOWNLOAD

Umfassende Vorlagen für die Kommunikation mit Datengeber*innen bei Coding da Vinci finden sich im Toolkit-Ordner 2_Daten:

- Kommunikation Datengebende
- Informationsblatt Datengebende

Die teilnehmenden Kulturinstitutionen erhalten beim Onboarding verschiedene Merkblätter, die wir im selben Ordner zusammengestellt haben:

- Vorgehen für Datengebende
- Eingangsfragebogen
- Daten Präsentieren
- Zeitplan

Eine detaillierte Richtlinie für die Datenberatung bei Coding da Vinci befindet sich im Toolkit-Ordner 2_Daten im Dokument „Rahmen und Ziele der Datenberatung".

Nützliche Tipps für die Organisation bietet die „Production Bible Onboardings" im Toolkit-Ordner 2_Daten.

auf die Institutionen zu, um mit ihnen gemeinsam ein inhaltlich geeignetes sowie nachnutzbares Datenset auszuwählen, dessen Qualität zu prüfen und gegebenenfalls zu verbessern.

ONBOARDING

Das Onboarding findet bei einem Kultur-Hackathon im Stil von Coding da Vinci drei bis sechs Monate vor dem Kick-Off statt. Neben einer allgemeinen Einführung ins Hackathon-Format werden dort Inhalte zu offenen Lizenzen und Datenformaten vermittelt sowie der Rahmen der Datenpräsentation geklärt. Je nach Ausrichtung gibt es zusätzliche vorbereitende „Prepare your Data"-Workshops, bei denen Datenberater*innen und Einrichtungen sich kennenlernen können.

DATEN TESTEN

Hilfreich ist es, wenn die Kulturinstitutionen Testdaten zur Verfügung stellen - einen Teil der Mediendateien und der Metadaten -, damit die Datenqualität überprüft und gemeinsam besprochen werden kann. Nicht selten fehlen hier und da Informationen. Handelt es sich zum Beispiel um ein Datenset mit Bildern verschiedener Künstler*innen, sollte auch darauf geachtet werden, ob jede*r mit der Gemeinsamen Normdatei (GND) verknüpft ist. So können die Personen eindeutig identifiziert werden, insbesondere wenn verschiedene Schreibweisen ihrer Namen existieren. Einheitlichkeit ist wichtig. Normdaten erleichtern die Katalogisierung und bieten eindeutige Sucheinstiege.

VORBEREITUNG ZUM UPLOAD

Die Datenberater*innen stehen den Institutionen - gerade kleinen Einrichtungen mit ggf. schmalen Ressourcen - bei allen aufkommenden inhaltlichen und technischen Fragen zur Seite. Sie unterstützen die Institutionen dabei, den nächsten Schritt in ihrer digitalen Entwicklung zu gehen, indem sie etwa dabei helfen, eine Excel-Datei in CSV umzuwandeln, oder bei Dateien mit nicht geklärten Lizenzen beraten. Es ist dringend zu empfehlen, nur Datensets mit gesichertem Rechtestatus für den Hackathon auszuwählen, um spätere Probleme zu vermeiden.

Ist dieser vorbereitende Teil abgeschlossen, bekommen die Institutionen einen Link zum Coding da Vinci-Server, um ihre Daten hochzuladen.

CHECKLISTE DATENQUALITÄT

MERKMAL	HINWEISE / FRAGEN
Geeignete Datensets	→ Sind die Daten offen (offen lizenziert bzw. lizenzierbar)? → Sind Metadaten vorhanden? → Stellen Sie hochauflösendes Material zur Verfügung?
Lizenzen	→ Sind die Rechte der digitalisierten Objekte bzw. Daten geklärt? → Weisen alle gelieferten Daten den gleichen Lizenzstatus auf? → Ist die Lizenzauszeichnung der Objekte korrekt und vollständig?
Standards/Formate	→ Nicht-proprietäre Formate sind wegen ihrer Interoperabilität und Offenheit empfehlenswert (z. B. csv statt xls)
Normdateien/Kontrollierte Vokabulare	→ Werden Normdateien (z.B. GND, andere spartenspezifische Normdaten) verlinkt? Nutzen Sie ein kontrolliertes Vokabular?
Einheitlichkeit/Vereinheitlichung	→ Sind alle Zeit- bzw. Ortsangaben einheitlich?
Maschinenlesbarkeit	→ Werden Zeitangaben in einem maschinenlesbaren Format (z.B. 2013-06-01) statt als Text (z.B. 1. Juni 2013) ausgedrückt? → Sind Ihre Metadaten Unicode-fähig (UTF-8)?
Vollständigkeit	→ Gibt es Daten (Dateien, Metadaten), die fehlen?
Nachhaltigkeit	→ Können die Daten langfristig abgerufen werden?

Keine Sorge! Mit Ausnahme der Punkte „Geeignete Datensets" und „Lizenzen" müssen die Daten nicht zwingend alle Anforderungen erfüllen, um für einen Hackathon infrage zu kommen. Aber je mehr Punkte erfüllt sind, desto besser.

Datensets für den Kick-Off vorbereiten

READY FOR KICK-OFF

Im Rahmen von Coding da Vinci haben die Kulturinstitutionen die Einträge auf der Website, auf der ihr jeweiliges Datenset beschrieben wird, selbst eingepflegt. Dabei ist es wichtig, auf folgende Kriterien zu achten und deren Einhaltung vor der Freischaltung zu überprüfen:

- Vollständigkeit der Links zu den Daten
- Informationen zu den Lizenzen
- Schlüssige, nachvollziehbare Beschreibung der Daten
- Korrekte Angaben zu technischen und inhaltlichen Aspekten

Ist alles geklärt, werden die Datensets veröffentlicht und stehen für den Kick-Off bereit.

PRÄSENTATION UND PITCHING

Nun gilt es, die Institutionen darauf vorzubereiten, was es beim Pitching der Datensets zu beachten gibt. Pro Datenset ist bei Coding da Vinci zunächst eine 1-minütige Schnellvorstellung vorgesehen – die One Minute Madness. Bei dieser Präsentation sollte das Datenset möglichst anschaulich gemacht werden. Auf einer – und nur einer

So geht's am besten

Best-Practice-Beispiele können den Kultureinrichtungen als Richtschnur dienen. Wie etwa das Datenset „Look at Me! 100 Gesichter – 100 Geschichten“, eine Sammlung von Portraits des 19. Jahrhunderts, zur Verfügung gestellt vom Augustinermuseum in Freiburg – vorliegend als hochauflösende Reproduktionen und beschreibende Metadaten. Entstanden sind daraus die Projekte „Unravelling Art“, ein digitales Kartenspiel für kunstbegeisterte Museumsbesucher*innen sowie die Dating-App „LOOK AT ME“, die eigene Bilder in den Stil eines Portraits umwandelt.

einzigen – Hintergrundfolie können Zusatzinformationen projiziert werden, etwa:

- ein Beispielbild aus dem Datenset und/oder
- Bullet Points und Zahlen wie:
    - Wie viele Dateien sind es?
    - Welches Metadatenfomat wird verwendet?
    - Mit welcher Normdatei sind die Metadaten beschrieben?

All das ist interessant für die Creative Tech-Community. Da Coding da Vinci in einer informellen Atmosphäre stattfindet, darf die Präsentation gerne humorvoll aufgelockert sein. Auch das weckt eher Interesse als ein sachliches Referat. Die Institutionen können mit einer konkreten Fragestellung an ihre Daten aufschlagen, oder auch mit einer Challenge (wenn ein besonderer Wunsch besteht, was mit den Daten geschehen soll, zum Beispiel sie auf einer Timeline zu präsentieren). Vielleicht fehlen auch Informationen in den Metadaten, so dass die Bitte an die Projektteams formuliert wird, danach zu recherchieren.

Eine Minute ist nicht viel Zeit – vor allem, wenn man viel über die Daten weiß, die man präsentiert. Konzentration aufs Wesentliche ist der Schlüssel.

Fokus: Was macht meine Daten besonders?

Die einführende One Minute Madness soll vor allem Spaß machen und Interesse wecken. Anhand der Schnellvorstellung entscheiden die Teilnehmenden, zu welcher ausführlichen Präsentation sie gehen bzw. mit welchen Datengebenden sie ins Gespräch gehen wollen. Für die Institutionen ist es dabei wichtig, die Frage im Fokus zu behalten: Was macht meine Daten besonders?

Später haben die Kultureinrichtungen Gelegenheit, ihre Daten ausführlicher zu präsentieren - entweder in ca. 15-minütigen parallelen Sessions, oder beim sogenannten Marktplatz mit offenen Gesprächen an Ständen (s. Kapitel 5: Kick-Off, S. 54).

Generell gilt: Je größer der „Wow-Effekt", der bei der Präsentation erzielt wird, desto eher werden die Teams mit dem Datenset arbeiten wollen. Doch so divers die Zielgruppe - eine bunte Mischung kreativer Köpfe: Entwickler*innen, Designer*innen, Grafiker*innen, Künstler*innen, Hacker*innen, Maker*innen, Kulturinteressierte aller Couleur - so unterschiedlich sind die Interessen. Häufig stehen folgende Fragen im Vordergrund:

- Welche Geschichte(n) erzählen die Daten?
- Warum könnten diese Daten für sie als Nutzer*innen relevant sein?
- Welche Frage(n) stellen die Kultureinrichtung oder die Kurator*innen selbst an die Daten?
- Was steht in den Daten?
- Und was fehlt eventuell (noch)?

Um die Teilnehmenden für das eigene Datenset zu interessieren, kann man auch vermitteln, warum es für die datengebende Institution eine Bedeutung besitzt. Die eigene Begeisterung lässt den Funken oft am besten überspringen. Welche Daten schlussendlich in welcher Weise verwendet werden - und ob überhaupt - ist jedoch voll und ganz den Teilnehmenden überlassen.

Take Home Messages

- Offene Daten = offene Lizenzen, offene Datenformate und freier, öffentlicher Zugang
- Je höher die Qualität der Daten ist, desto attraktiver sind sie für Teilnehmende.
- Keine Angst vor Komplexität!
- Die Begeisterung für die eigenen Daten wirkt ansteckend.

Kapitel 3

TEILNEHMENDE

Menschen für die Teilnahme zu motivierten ist die härteste Nuss im Hackathon-Geschäft. Wir klären hier, welche und wie viele Teilnehmende es für einen gelungenen Hackathon braucht, wo sie zu finden sind und welche Argumente sie überzeugen können.

Je diverser, desto besser: Interdisziplinäre Zusammenarbeit auf Augenhöhe ist der Schlüssel zum Erfolg.

DER MIX MACHT'S

An einem Kultur-Hackathon wie Coding da Vinci soll grundsätzlich jede*r teilnehmen können. Das Ziel ist eine Veranstaltung ohne Hürden und Barrieren, zu der sich nicht nur Menschen mit Programmierkenntnissen eingeladen fühlen, sondern alle, die Lust darauf haben, kreativ mit Kultur und Kulturdaten umzugehen, sich Kultur zu eigen zu machen.

Gesucht sind gute Ideen, die andere dafür begeistern, sie gemeinsam umzusetzen. Für die Zusammensetzung der Teilnehmer*innen-Gruppe wie der Projektteams gilt folglich: Der Mix macht's.

Aus diesem Grund sollten die Hackathon-Organisator*innen nicht nur für alle denkbaren Teilnehmenden offen sein - sondern auch für diejenigen, an die vielleicht erst einmal nicht gedacht wird. Damit kreatives Arbeiten bei einem Hackathon möglich wird, braucht es stets eine Vielzahl sich ergänzender Fähigkeiten, Perspektiven und Zugänge.

Je offener die Ansprache der Organisator*innen an die potenziellen Teilnehmenden ist, desto größer die Chance, dass sich der Wunsch nach Vielfalt der Zusammensetzung einlöst.

Diverse Zielgruppen

Auch Kinder haben bei Coding da Vinci beispielsweise schon ihre Ideen eingebracht. Entstanden ist daraus - zusammen mit Menschen, die das nötige Rüstzeug zur Realisierung besaßen - etwa das Projekt „COVER. BOUTIQUE". Eine App, mit der Anwender*innen zwei ausgewählte Kunstwerke visuell miteinander verschmelzen und eine eigene Collage erstellen können. Die Kreationen werden passend zu den Konturen verschiedener Smartphones ausgedruckt und ausgeschnitten. Hinter transparenten Silikonhüllen verschönern und individualisieren sie die Rückseiten von Handys. Genau so könnten auch kultur- und geschichtsinteressierte Senior*innen eine Zielgruppe sein, weil sie womöglich einen ganz eigenen Blick auf den Umgang mit Kulturdaten sowie die Themen der Datensets mitbringen.

Vielzahl sich ergänzender Fähigkeiten, Perspektiven und Zugänge sind notwendig

CREATIVE MEETS TECH

Logischerweise richtet sich ein Hackathon an Hacker*innen. Doch neben den klassischen Tech-Communities waren bei Coding da Vinci stets Kreative aller Couleur vertreten. (Medien)Künstler*innen, Kunst- und Kulturinteresse aus den verschiedensten Sparten, Grafik-Studierende, Geisteswissenschaftler*innen – oder auch Engagierte aus dem Bereich -o Citizen Science.

Natürlich braucht es bei einem Kultur-Hackathon Teilnehmende, die mit Code umgehen, prozessieren, Anwendungen designen können. Alle Arten von technischen Fähigkeiten sind willkommen und werden benötigt. Gefragt ist das Coding von Apps (fürs Web oder mobil), gesucht sind Game-Entwickler*innen und UX-Designer*innen, ebenso Menschen, die sich auf Storytelling oder kartenbasierte Anwendungen verstehen (ein häufiges Thema bei Kulturdaten).

Aber auch -o Design-Studierende, die selbst nicht über Programmierkenntnisse verfügten, haben immer wieder die Coding da Vinci-Ausgaben mit ihren Ideen bereichert. Die Skala der Skills ist genau so offen, wie der Komplexität möglicher Projekte keine Grenzen gesetzt sind.

Mia san mi'm Radl da

Ein Beispiel für ein Citizen Science-Projekt ist „Nachgeradelt.de", entstanden bei Coding da Vinci Ost 2018. Beteiligte am Kollektiv „Die Datenlaube" entwickelten den Prototypen einer Webanwendung, mit der historische Touren für heutige Radfahrer*innen erlebbar und nachfahrbar gemacht werden können. Das Projektteam sammelte alle digitalisierten Touren im Umfeld von Leipzig zwischen 1880 und 1930, um eine ausgewählte Strecke testweise zu befahren und Stationen entlang des Weges digital mit Details und Zusatzinformationen anzureichern.

Anziehpuppe, digital

Die Design-Studentin Ronja Erhardt hat sich 2021 beim Kultur-Hackathon in Schleswig-Holstein das Projekt „Historischer Kleiderschrank" ausgedacht – eine Augmented Reality-App, mit deren Hilfe Benutzer*innen in Trachten aus unterschiedlichen Jahrhunderten und Regionen schlüpfen können. Erhardt, die selbst nicht programmieren konnte, entwickelte ihr Konzept u.a. mit Hilfe von Instagram-Filtern so weit, dass Entwickler*innen übernehmen und es fortführen konnten. Dank großer Unterstützung der datengebenden Schleswig-Holsteinischen Landesbibliothek – sowie einer Anschlussförderung der Kulturstiftung des Bundes – ist die App mittlerweile fertig entwickelt und als „Dressed App" in den gängigen Stores erhältlich.

Es sind im Kontext von Coding da Vinci schon Virtual-Reality-Anwendungen entstanden wie „Freiheit DIY" bei der Ausgabe Ost^3 2022, ein Game auf Grundlage eines Datensets des Zuse-Computer-Museums Hoyerswerda: Die Spieler*innen suchen sich die Einzelteile zum Bau eines UHF-Konverters zusammen, wie er in der DDR benötigt wurde, um Westfernsehen zu empfangen.

Genau so haben Auseinandersetzungen mit dem Thema Künstliche Intelligenz (KI) stattgefunden – wenngleich die vorliegenden Datenmengen oft zu gering sind, um damit eine KI zu trainieren. Dennoch ist aus einem Einführungsseminar zu KI und maschinellem Lernen im Rahmen von Coding da Vinci Niedersachsen 2020 die Gruppe „Maschinenlerner" hervorgegangen, die seitdem regelmäßig mit den Möglichkeiten von KI experimentiert und ihre Versuche dokumentiert.

Bei einem Kultur-Hackathon müssen nicht zwangsläufig sichtbare Ergebnisse wie Prototypen entstehen – auch das gemeinsame Lernen an sich ist ein Gewinn.

WO FINDE ICH DIE TEILNEHMENDEN?

Die potenziellen Teilnehmenden zu finden und zum Mitmachen zu motivieren, ist das A und O eines Kultur-Hackathons – und eine nicht zu unterschätzende Herausforderung. Im Unterschied zur Datengeber*innen-Akquise braucht die Gewinnung der Teilnehmenden ungleich mehr Zeit. Man findet Interessierte eben nicht an einem zentralen Ort, oder erreicht sie über eine schnell verschickte Rundmail.

Das Beispiel „Ablauf Teilnehmenden-Akquise" liegt im Toolkit-Ordner 3_Teilnehmende.

Am vielversprechendsten ist das persönliche Treffen, bei dem die Hackathon-Organisierenden schildern können, was sie planen – und weshalb sich das Mitmachen lohnt.

Über Social Media lässt sich eine Veranstaltung zwar bis zu einem gewissen Grad bekannt machen, aber zur Teilnahme bewegt die Präsenz in den sozialen Netzen nicht automatisch. Hier und da lassen sich Designstudierende sicher über Instagram erreichen, oder Entwickler*innen über Mastodon (inzwischen eher als auf Twitter). Grundsätzlich ist das Bewerben des Hackathons über diese Kanäle aber so wenig ausreichend wie der Aushang von Plakaten oder das Verteilen von Flyern.

Ein Beispiel für die Möglichkeit, den Kultur-Hackathon auf einer Plattform wie meetup.com zu präsentieren, findet sich im Dokument „Texte für Meetup" im Toolkit-Ordner 3_Teilnehmende.

Einen ausführlichen Überblick - ohne Anspruch auf Vollständigkeit -, bietet das „Merkblatt Teilnehmenden-Akquise" im Toolkit-Ordner 3_Teilnehmende.

Es gilt: ein Face-to-Face-Gespräch ist besser als ein Telefonat ist besser als eine E-Mail. Orte, an denen Potenziale für die Akquise liegen, sind unter anderem:

Die persönliche Begegnung suchen

Hochschulen	Agenturen, Gründer*innen-Zentren oder Startups	Hacker-, Maker-Spaces, OK Labs, User-Groups & Meetups	Netzwerke, Veranstaltungen, Messen, Kongresse
→ Zielgruppen können hier Studierende der Fachrichtungen Design, Medien, Kunst(geschichte), IT, Digital Humanities, Mode etc. sein - praktisch jede Disziplin, die Kreativität verlangt. Auch Mitarbeiter*innen der Rechenzentren, Bibliotheken, von Hochschul-Radio oder CampusTV sind mögliche Teilnehmende. Die Ansprache kann über Dozierende oder die Fachschaften erfolgen.	→ In Creative (Tech) Agenturen, Software-Startups, Gründer*innen-Zentren, Inkubatoren oder auch Co-Working-Spaces können Entwickler*innen, (Game)designer*innen und andere Tech-Kreative angesprochen werden. Auch für Menschen, die bereits im Beruf stehen, ist die Teilnahme an einem Hackathon lohnend. Prototypen, die dabei entstehen, können beispielsweise Startups gut fürs Showcasing verwenden, um die eigenen Potenziale zu demonstrieren.	→ Hacker*innen, Maker*innen, Kulturbegeisterte, Entwickler*innen, Designer*innen etc. sind die prädestinierten Teilnehmenden eines Kultur-Hackathons. Auch hier gilt: am besten persönlich Kontakt aufnehmen! Empfehlenswert ist der Besuch von (OK) Labs, Stammtischtreffen, Meetups, Digital Hubs, Maker- und Hacker-Spaces. Anbahnen lässt sich ein Kontakt beispielsweise über Community-Websites wie meetup.com oder devpost.com.	→ Um mit Entwickler*innen, (Game-) Designer*innen, Coder*innen, Hacker*innen und Maker*innen in Kontakt zu kommen, können Mailings an einschlägige Netzwerke und Mailinglisten hilfreich sein. Empfehlenswert ist auch der Besuch von Messen, Kongressen und Fachveranstaltungen (wie GamesCom, re:publica, Chaos Communication Congress, Wiki-Con, Data Camps u.a.) - oder auch von anderen Hackathons oder ähnlichen Co-Creation-Events.

Tabelle 1 Wo Teilnehmende zu finden sind

Die Extrameile lohnt sich!

Veranstaltungsteams von Coding da Vinci haben immer wieder sogenannte Roadshows unternommen, um Teilnehmende zu gewinnen – haben also eine Reihe verschiedener Locations, Veranstaltungen oder Meetings aufgesucht und beispielsweise einen Vortrag in einem OK Lab vereinbart, bei dem der Hackathon vorgestellt und fürs Mitmachen geworben werden konnte. Auf diese Weise wird die Veranstaltung zum Thema und kann sich auch per Mundpropaganda verbreiten.

WIE MOTIVIERE ICH POTENZIELLE TEILNEHMENDE?

Coding da Vinci hat stets auf Teilnehmende gesetzt, die von sich aus motiviert waren, Neues zu lernen, Neues auszuprobieren – statt etwa Geldgewinne oder hochwertige Sachpreise auszuloben. Freilich ist das eine grundsätzliche Entscheidung, andere Modelle sind denkbar. Geld bedeutet für viele eine starke Motivation. Studierende können beispielsweise zum Mitmachen bewegt werden, indem sie im Rahmen paralleler Lehrveranstaltungen für die Teilnahme am Hackathon mit Credit Points belohnt werden.

Klar ist: Solche Weichenstellungen haben Auswirkungen darauf, welche Zielgruppen sich angesprochen fühlen. Die Gründer*innen von Coding da Vinci hatten Teilnehmende im Sinn, die gemeinsam mit Spaß kreativ sein wollen.

LOHNENDE ZIELE – GEMEINSAM ZUKUNFT GESTALTEN

Was bereits Motivation genug sein kann, das sind die lohnenswerten Ziele, die ein Kultur-Hackathon wie Coding da Vinci verfolgt. Schließlich geht es darum:

- den Wert offener Kulturdaten sichtbar zu machen
- neue Kontexte für Kulturdaten zu generieren
  die Nachnutzung von Daten und Codes zu ermöglichen
- neue Allianzen zwischen Kultureinrichtungen und diversen Communities zu stiften

Materielle Anreize bewusst und mit bedacht setzen.

Eine Übersicht über den zeitlichen Ablauf der „Kommunikation mit Teilnehmenden“ sowie eine umfassende Vorlagensammlung für „E-Mails an Teilnehmende“ findet sich im Toolkit im Ordner 3_Teilnehmende.

Beispiele für „Anschreiben“ finden sich im Toolkit-Ordner 3_Teilnehmende.

Ein Beispiel ist der Universal Code of Conduct, der bei allen Wikimedia-Projekten und -Veranstaltungen gilt: https://meta.wikimedia.org/wiki/Universal_Code_of_Conduct/de

ENTFALTE DEINE FÄHIGKEITEN!

Freilich bietet der Hackathon auch den Teilnehmenden selbst eine Fülle von Möglichkeiten, die eigenen Fähigkeiten zu entfalten. Sie können:

- Neues Lernen
  - die Erstellung von Prototypen
  - die Entwicklung verschiedenster Anwendungen
  - Teamarbeit
  - Pitch-Präsentation
- Fähigkeiten testen
  - Ein Kultur-Hackathon fördert den Mut, Ideen zu entwickeln und zu testen.
  - Neu erworbene Skills können in einem geschützten Rahmen erprobt werden.
- Netzwerken
  - Der Kultur-Hackathon bietet die Chance, die eigenen Netzwerke zu erweitern - mit anderen Teilnehmenden, Veranstalter*innen, Institutionen.
- Referenzen sammeln
  - last but not least: Ein innovatives Projekt, das im Kontext eines Kultur-Hackathons wie Coding da Vinci entstanden ist, kann eine hervorragende Referenz für den weiteren beruflichen Weg sein.

DIE RICHTIGE ANSPRACHE FINDEN

Grundsätzlich gehört zur Motivation von Teilnehmenden, den richtigen Ton und die passende Ansprache zu finden, die Menschen in ihren jeweiligen Zusammenhängen abzuholen und mitzunehmen, kurzum: entgegenkommend und wertschätzend zu sein. Ganz gleich ob in einem Mailing, das den Kontakt anbahnen soll, oder in der persönlichen Begegnung.

Bei aller schriftlichen Kommunikation im Zuge von Coding da Vinci hat es sich bewährt, Formulierungen zu wählen, die ein Willkommenssignal senden, sich um Augenhöhe bemühen und Ausschlüsse zu vermeiden versuchen. Angefangen beim Gendern.

Es empfiehlt sich außerdem, einen Code of Conduct zu formulieren und ihn bereits im Vorfeld des Hackathons zu kommunizieren. Verhaltensregeln, die verbindlich und einfach umzusetzen sind und auf die Teilnehmende sich berufen können, geben gerade Menschen mit Diskriminierungs- oder Gewalterfahrung Sicherheit.

Wer den Hackathon zum Safe Space erklären möchte, sollte sicherstellen, dass alle damit verbundenen Anforderungen auch wirklich garantiert werden können. Alles, was Inklusion ausmacht, braucht zusätzliche Ressourcen. Sie aufzuwenden, kann zweifellos lohnend sein – die Zielgruppen werden es wahrnehmen und honorieren.

WIE VIELE TEILNEHMENDE BRAUCHT EIN KULTUR-HACKATHON?

Eine Frage, die nicht pauschal zu beantworten ist. Was nicht gilt, ist die Formel Masse gleich Klasse. Eine Reihe von Rahmenbedingungen entscheiden darüber, wie viele Teilnehmende der Kultur-Hackathon braucht, um seiner eigenen Zielsetzung zu genügen. Und stets bleiben Unwägbarkeiten. Bei einer großen Veranstaltung mit 200 Teilnehmenden können die Ergebnisse hinter den Erwartungen zurückbleiben, bei einem kleinen Hackathon mit 20 bis 30 Beteiligten entstehen womöglich drei staunenswert kreative Projekte.

Wichtig ist, dass diejenigen, die teilnehmen, auch aktiv werden, dass sie offen sind, aufeinander zugehen, interdisziplinäre Teams (oder auch: ein Team) bilden und mit Experimentierlust zur Sache gehen.

Ein Hackathon hat dann die richtige Anzahl an Teilnehmenden, wenn die Versammelten die Richtigen sind – im Sinne des Spirits der Veranstaltung. Siehe auch: Der Mix macht's.

Freilich existieren logistische Parameter. Ein Kultur-Hackathon, bei dem nur eine Institution vier oder fünf thematische Datensets bereitstellt, benötigt weniger Teilnehmende als es bei Coding da Vinci stets der Fall war. In der Regel hatten die einzelnen Ausgaben jeweils mehr als 20 Datengeber*innen – entsprechend war die Hypothek, eine kritische Masse von Menschen zu organisieren, die potenziell davon angesprochen werden. Wobei es die Garantie nie gab und gibt, dass jedes Datenset auch Interessierte findet. Was den Funken überspringen lässt, ist letztlich ein sehr individuelles Matching.

Die richtige Mischung ist wichtiger als die Menge der Teilnehmenden.

WIE PFLEGT MAN DIE BESTEHENDE COMMUNITY?

Auch dafür existiert kein Patenrezept.

Schon während des Hackathons wird spürbar, wie engagiert die Teilnehmenden sind, wie willkommen sie sich fühlen. Ihnen mit Offenheit zu begegnen, legt den Grundstein dafür, dass sie gerne wiederkommen. Doch auch das bedeutet keinen Automatismus für eine erneute Teilnahme oder einen dauerhaften Kontakt. Denn jede*r hat persönliche Lebensumstände und kommt aus ganz eigenen Gründen zum Hackathon – oder auch nicht.

Im Kontakt bleiben und Interesse zeigen

Eine Empfehlung ist, ehemalige Teilnehmende auch ohne konkreten Anlass zwischendurch zu kontaktieren, sich beispielsweise zu erkundigen, wie sich ihre Projekte entwickelt haben, ihnen Unterstützung anzubieten, etwa bei der Kommunikation mit Institutionen oder der Suche nach Förderung – kurzum: Interesse am Menschen zu zeigen, nicht nur am Hackathon-Teilnehmenden.

Falls sie ihre Einwilligung geben, können Ehemalige natürlich auch mit einem Community-Newsletter auf dem Laufenden gehalten werden.

Take Home Messages

- Je diverser die Zusammensetzung der Teilnehmenden und ihrer Skills, desto besser
- Nicht nur Entwickler*innen – ALLE können bei einem Hackathon etwas Wertvolles beitragen.
- Teilnehmenden-Akquise kostet Zeit – die ist aber gut investiert.
- Persönlicher Kontakt ist Trumpf, Verbindlichkeit sticht.
- Offene, inklusive Ansprache auf Augenhöhe wirkt einladend.
- Lieber wenige motivierte Teilnehmende als viele uninspirierte.

Kapitel 4

ORGANISATORISCHES

Jetzt dreht sich alles um die Planung: Wann sollte der Hackathon idealerweise stattfinden? Wie viel Vorlauf braucht es? Was gibt es zu tun? Und – eine stets beliebte Frage – was kostet das alles? Antworten darauf geben wir in diesem Kapitel.

TERMINPLANUNG

Wie ein Kultur-Hackathon geplant werden sollte, wie viel Vorlauf er benötigt und welche Zeit die einzelnen Etappen verlangen, hängt von einer Reihe von Faktoren ab: Soll die Veranstaltung wie Coding da Vinci durchgeführt werden, mit Kick-Off, mehrwöchiger Sprintphase und Preisverleihung? Oder bleibt der Hackathon auf ein Wochenende beschränkt? Stellt nur eine Institution ihre Daten zur Verfügung – oder sind mehrere Datengeber*innen beteiligt? Und ist vorgesehen, die datengebenden Kultureinrichtungen zu beraten?

Je sorgfältiger die Planung, desto angenehmer fühlt dich der Hackathon an – für alle Beteiligten.

Gerade in letzterem Fall empfiehlt es sich, viel Zeit einzuplanen. Bei Coding da Vinci waren in der Regel mehr als 20 datengebende Institutionen involviert, die mit einen Call for Data und Onboarding-Terminen auf die Teilnahme am Hackathon vorbereitet wurden. Das Ziel war, ihnen Grundlagenwissen zu vermitteln, sie auf dem jeweiligen Stand ihrer Digitalisierung abzuholen und ihnen zu helfen, einen nächsten Schritt zu gehen, offener und interoperabler zu werden (s. Kapitel 2: Daten, S. 24). Ein Abstimmungsprozess, für den mehrere Wochen eingeplant werden müssen.

Ebenso zeitaufwendig ist (in jedem Fall) die Akquise der Teilnehmenden (s. Kapitel 3: Teilnehmende, S. 33).

Idealerweise sollten beide Prozesse parallel ablaufen – aber von getrennten Teams übernommen werden. Ist das nicht möglich, muss ausreichend Zeit eingeplant werden, um sich beiden Aktivitäten mit der nötigen Sorgfalt widmen zu können.

Im Fall von Coding da Vinci wurde in der Regel ein halbes Jahr vor dem Kick-Off mit der Arbeit begonnen. Das bedeutet: Zu diesem Zeitpunkt sollte das Team stehen – inklusive einer Projektkoordination, die die Zügel in der Hand hält.

Folgender zeitlicher Ablauf hat sich bei Coding da Vinci bewährt, schrittweise vom Kick-Off-Termin zurückgerechnet:

EINS NACH DEM ANDEREN/SCHRITT FÜR SCHRITT ZUM HACKATHON

Startschuss für das Veranstaltungsteam

7 bis 8 Monate vor Kick-Off

- Identifikation von potenziellen Datengebenden und Teilnehmer*innen
- Erstkontakte herstellen über
  - vorhandene Netzwerke
  - Roadshows/Informationsstände
  - Presse- und Öffentlichkeitsarbeit
  - Kreatives Klinkenputzen
  - Kooperationen mit Universitäten und Verbänden
- Wenn möglich, Aufbau einer Medienpartnerschaft
- Finanzplanung

Beginn der Vorbereitungsphase

ab 6 bis 6,5 Monate vor Kick-Off

- Projektkoodinator*in einstellen
- Onboarding des Veranstaltungsteams
- Website für den Hackathon anlegen
- Terminplan für den Hackathon festlegen
- Veranstaltungsräume buchen
- Grundlagen-Orga
- Spezifikation der benötigten Technik erstellen
- VIPs, Sprecher*innen, Referent*innen, Keynote-Speaker und Jury-Mitglieder identifizieren:
  - Onboarding für Datengebende (Themen: Rechte und Lizenzen, (Meta-)Datenqualität, Datenpräsentation, Hackathon allgemein)
  - ggf. Präsentationsworkshops
  - Kick-Off: Moderation, Grußworte, Input-Sessions
  - Preisverleihung: Moderation, Grußworte, Keynote, Jury
- Sponsoring/Fundraising
- Buchung/Organisation z. B. von Catering, Technik, Transportservices (Shuttle, Bikes, E-Roller, Bühne etc.)

Call for Data

ab 5 Monate vor Kick-Off

- Offizieller Aufruf an die datengebenden Institutionen, sich mit offenen Datensets am Hackathon zu beteiligen
- Presse- und Öffentlichkeitsarbeit für die kreativ-technisch interessierten Teilnehmenden intensivieren.
- Organisation der Onboarding-Veranstaltung für Datengebende:
  - Programm/Ablauf
  - Raumplanung
  - Präsentationstechnik

Einladung der Datengebenden

zu den Onboarding-Veranstaltungen

ab 4 bis 4,5 Monate vor Kick-Off

- Vorbereitung von Informationsmaterial und Merkblättern
- Persönliche Kontakte zu den Datengebenden aufbauen
- Beratung hinsichtlich der Themen Datenqualität und Auswahl der Daten
- Vortragende reichen ihre Präsentationen ein

Onboardingtermine

für Datengebende und Datenberatung/ Roadshow Teilnehmenden-Akquise

ab 3 bis 3,5 Monate vor Kick-Off

- Versand der Datenmerkblätter
- Beratung hinsichtlich der Themen Datenqualität und Auswahl der Daten
- Zusagefrist für Datengebende endet (ca. 2 Monate vor Kick-Off)
- ggf. Präsentationsworkshops
- Roadshow/Klinken putzen Teilnehmenden-Communities

Tabelle 2 Timeline für Coding da Vinci

Organisation Kick-Off
ab 2 Monate vor Kick-Off

- Programm/Ablauf
- Moderation, Reden, Presse, Namensschilder, Registrierung, Infomaterial Teilnehmer*innen, Datenschutzhinweis
- Graphic Recording
- Hackdash, Etherpad, etc.
- Dokumentation (Foto, Video, Live-Streaming)

Datensets werden übermittelt, Öffnung der Registrierung für Teilnehmer*innen
ab 5 Wochen vor Kick-Off

- Datengebende stellen ihre Daten zur Verfügung
- Kick-Off-Event bewerben
- Ticketing
- Briefings für Datengebende
- Raumplanung (auch Beschilderung, Wegweiser), Präsentationstechnik, W-LAN
- Jury für die Preisverleihung festlegen und briefen
- Programm/Ablauf Preisverleihung vorbereiten
- Roadshow/Klinken putzen Teilnehmenden-Communities

Alle Datensets werden veröffentlicht
ab 3 Wochen vor Kick-Off

- Heiße Phase Öffentlichkeitsarbeit
- Abgabefrist für: Präsentationen, Grußworte, Reden, Input-Sessions
- Bühnentechnik
- Briefings für Einsatzkräfte
- Meet-ups vorbereiten

Kick-Off
Sprintphase
im Anschluss an Kick-Off

- Zwei, vier ... bis zu wöchentliche Meet-ups
- Projektteams und Datengebende bei der Zusammenarbeit begleiten
- Programm/Ablauf Preisverleihung veröffentlichen
- Registrierung für die Preisverleihung öffnen
- Ticketing
- Präsentationen der Projektteams einsammeln (Frist setzen)
- Projektteams stellen ihre Projekte online
- Planung, Briefing Moderation, Grußworte, Keynote
- Raumplanung, Organisation, Catering
- Werbung und Öffentlichkeitsarbeit zur Preisverleihung
- Registrierung, Namensschilder, Einwilligungen Datenverarbeitung etc.
- Briefings für alle Beteiligten: Redner*innen, VIPs, Helfer*innen, Projektteams, Moderator*innen, Jury etc.

Preisverleihung
6 bis 10 Wochen nach Kick-Off

- Auswertung Öffentlichkeitsarbeit
- Evaluation

Ein gutes halbes Jahr Vorlaufzeit für einen erfolgreichen Kultur-Hackathon

WELCHE ROLLEN UND AUFGABEN GIBT ES?

Die wichtigste Position bei einem Kultur-Hackathon ist die PROJEKTKOORDINATION, sozusagen die Exekutive. Die Projektkoordination sollte keine anderen Aufgaben nebenher erledigen müssen, schließlich fällt viel an: Emailing, Planung (z.B. mit Hilfe dieses Playbooks), Verbindungen halten, an Abgabefristen erinnern, Aufgaben delegieren.

Es empfiehlt sich, hierfür eine Dreiviertel-Stelle für ein Dreivierteljahr einzuplanen – mindestens.

Zudem hat es sich bei CdV bewährt, getrennte Teams für die Datenberatung und die Teilnehmenden-Akquise zu haben.

Die DATENBERATER*INNEN müssen ihr Metier natürlich in technischer Hinsicht verstehen und wissen, wie Daten lizenziert werden, wie ein Datenset optimal maschinenlesbar gemacht wird. Sie sollten zudem auch Beratungskompetenz und Geduld mitbringen.

Für die TEILNEHMENDEN-AKQUISE ist es wiederum wichtig, dass die entsprechenden Team-Mitglieder möglichst gut vernetzt sind und persönliche Verbindungen in die Communities haben. Je nach Zielgruppe(n) des Hackathons sollte dieses Team möglichst ausgewogen besetzt sein – mit Menschen aus dem Hochschulbereich, Studierenden, Aktiven in OK Labs oder bei Chaos Computer Clubs, also

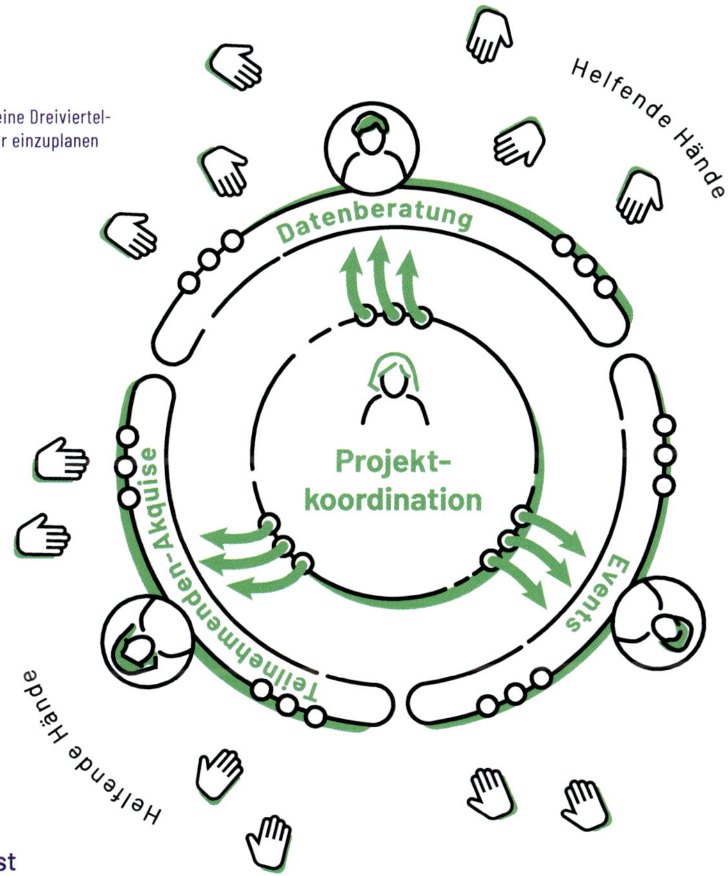

Verteilte Arbeit ist bessere Arbeit.

Menschen, die eine authentische Ansprache an die potenziellen Teilnehmenden mitbringen. Andernfalls kann es eine Weile dauern, bis Organisierende und Teilnehmende eine gemeinsame Sprache finden - besser, diese Hürde besteht von vornherein nicht. Umso zielgerichteter kann die Akquise vorgenommen werden.

Schließlich braucht es Helfende mit Erfahrung im EVENT-BEREICH. Menschen, die eine geeignete Location für den Hackathon finden, technisches Equipment und das Catering organisieren. Nicht selten sind dies auch Mitarbeitende der Örtlichkeiten, in denen der Hackathon stattfindet.

Nicht zu vergessen: Auch während des Kick-Offs, der Sprintphase und der Preisverleihung braucht es jede Menge HELFENDE HÄNDE. Menschen, die den Einlass regeln, Räume für Breakout-Sessions betreuen, das Zeitmanagement im Blick haben, die Pressebetreuung übernehmen, sofern Presse eingeladen wird.

Abgesehen von der Projektkoordination sind für alle diese Aufgaben keine Vollzeitkräfte vonnöten. In einem gut aufgestellten Datenberatungs-Team kann sich zum Beispiel ein Mitglied um drei bis fünf Datengebende kümmern. Wie bei fast allen Veranstaltungen empfiehlt es sich, mehr Menschen mit überschaubaren Aufgaben zu betreuen, als wenige mit großen.

Überschaubare Aufgaben auf viele Menschen verteilt

Aufwand einschätzen

Generell hängt die Zahl der erforderlichen Organisierenden einmal mehr von der Ausrichtung des Hackathons ab: Veranstaltet eine Kulturinstitution ein Wochenende lang einen Hackathon in den eigenen Räumlichkeiten, braucht es selbstverständlich keine datenberatenden Teams. Soll das Event hingegen im Stil von Coding da Vinci stattfinden, gilt es, die beschriebenen Positionen möglichst breit zu besetzen.

WAS IST FÜR DIE DURCHFÜHRUNG DES HACKATHONS WICHTIG?

LOCATION

Wenn der Hackathon nach Coding da Vinci-Vorbild geplant wird, empfiehlt sich eine Veranstaltungs-Location, die nicht nur ein ausreichend großes Plenum bietet, sondern auch mehrere kleinere Räume, in denen sich die Datengebenden nach der Minute Madness ausführlich präsentieren können. Diese Präsentation kann zwar auch nach dem Marktplatz-Prinzip in einem großen Raum mit vielen einzelnen Ständen organisiert werden – generell ist es aber gut, Rückzugsräume zu haben.

Nicht alle Teilnehmenden wollen zum Beispiel in einem gemeinsamen Raum arbeiten, weil unter Umständen die Lautstärke stört. Auch Essen und Arbeit trennen viele gern – auch räumlich.

Auf jeden Fall braucht es ein Auditorium mit Bühne und technischer Grundausstattung, wo Begrüßung, eventuell Reden und Präsentationen stattfinden können.

TECHNIK

Das Allerwichtigste: stabiles und leistungsstarkes WLAN! Daneben ist auch Veranstaltungstechnik wie Beamer, Leinwand, Präsentationslaptop samt allen denkbaren Adaptern, Mikrofon(e) und Lautsprecher (für die Moderation, die Datenpräsentation und die Ideenpitches), Lichttechnik und ggf. Streaming-Technik nötig – falls die Veranstaltung auch online übertragen werden soll.

TONALITÄT

Wen und was will ich mit meinem Hackathon erreichen? Davon hängen organisatorische Entscheidungen ab.

Soll es ein Grußwort geben – etwa von lokaler Politprominenz –, das die Bedeutung der Veranstaltung betont? Sind weitere Redner*innen vorgesehen? Soll es eine Moderation geben, die den Ablauf gestaltet? Kurzum: Wie professionell soll der Hackathon aufgezogen werden?

Zu klären gilt es außerdem, ob Öffentlichkeit hergestellt werden soll. Und falls ja: Wie und mit welchem Aufwand? Öffentlichkeitsarbeit, die über die Veranstaltungsankündigung hinaus geht, verlangt frühzeitige Planung. Auch daran hängen Fragen: Soll eine Medienpartnerschaft angebahnt werden? Zu welcher Phase der Veranstaltung sollen Medienvertreter*innen eingeladen werden? Der Kick-Off etwa empfiehlt sich als Arbeitstreffen dazu eher nicht, bei einer Preisverleihung hingegen sind Ergebnisse zu sehen, zu denen eine Geschichte erzählt werden kann.

Generell sollte bedacht werden, dass ein Kultur-Hackathon kein leicht vermittelbares Thema ist. Es braucht für Außenstehende Erklärungen – und Kontext.

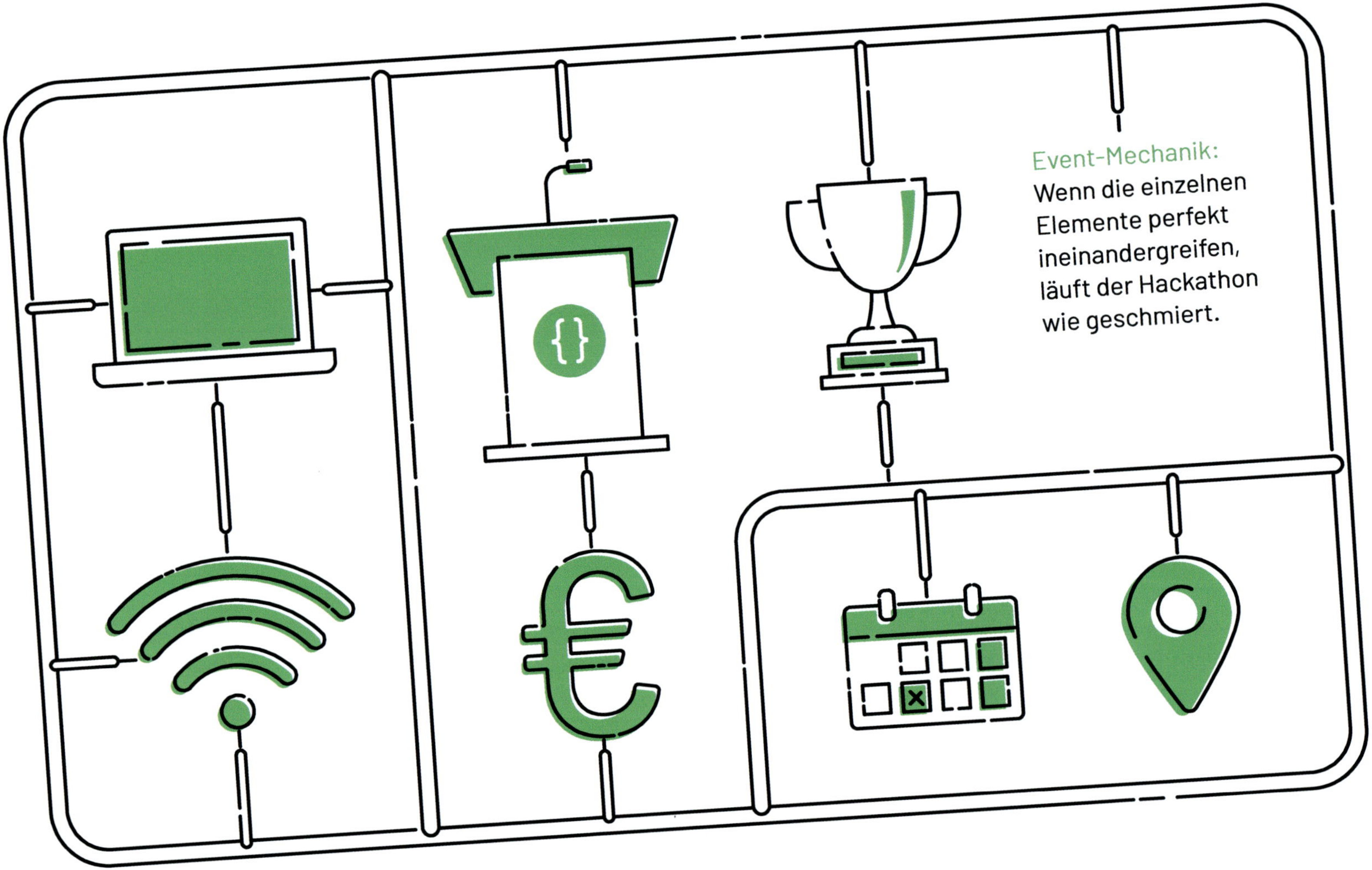

Event-Mechanik:
Wenn die einzelnen Elemente perfekt ineinandergreifen, läuft der Hackathon wie geschmiert.

BUDGET

Auch hier sind eine Menge Variablen im Spiel: Sollen Geldpreise ausgelobt werden (was bei Coding da Vinci, wie beschrieben, nie der Fall war)? Benötige ich einen Raum für 20 oder 200 Teilnehmende? Steht die Location kostenlos zur Verfügung? Muss Technik zugemietet werden? Sind Honorare für Moderation und/oder Keynote-Speaker*innen fällig?

Bei CdV waren die Veranstaltungsteams häufig so aufgestellt, dass viele Aufgaben von den beteiligten Institutionen als Sachleistung übernommen werden konnten – beispielsweise Datenberatung und Teilnehmenden-Akquise, so dass hier keine Kosten für externe Kräfte anfielen.

Dennoch: Es braucht in den meisten Fällen viele helfende Hände – und Arbeitszeit kostet Geld. Allein die empfohlene Dreiviertel-Stelle für die Projektkoordination beansprucht in der Regel einen nicht geringen Teil des Budgets.

Die größten Posten fallen der Erfahrung nach an für Personal, Catering, Raummiete, Technik und Honorare für Externe.

Klar sollte sein, dass ein Kultur-Hackathon im Stil von Coding da Vinci ein Maximum an Aufwand bedeutet. Jedoch gibt es viele Abstufungs-Möglichkeiten, die Veranstaltung kleiner zu dimensionieren – was sich proportional aufs benötigte Budget auswirkt.

Inspirierende Dokumentationen

Hilfreich bei der Planung sind die Dokumentationen aller bisherigen CdV-Ausgaben – mit Projektberichten, Mitschnitten und Informationen zu Daten, Fakten und Zahlen.

https://codingdavinci.de/de/dokumentationen

Take Home Messages

- Erst konzeptionelle Fragen klären, dann planen
- Genügend Vorlauf einplanen – insbesondere für die Teilnehmendenakquise.
- Projektkoordination für den Überblick – möglichst viele Spezialist*innen für Teilaufgaben
- WLAN, WLAN, WLAN!

Sachleistungen beteiligter Institutionen entlasten das Budget

Kapitel 5

KICK-OFF

Wenn die Daten online sind, die Teilnehmenden vor der Tür stehen und das Catering bereit ist – dann kann es losgehen! Wie ein typischer Coding da Vinci-Kick-Off abläuft, was es dabei zu beachten gibt und alles über den „magic moment“ des Hackathons schildern wir in diesem Kapitel.

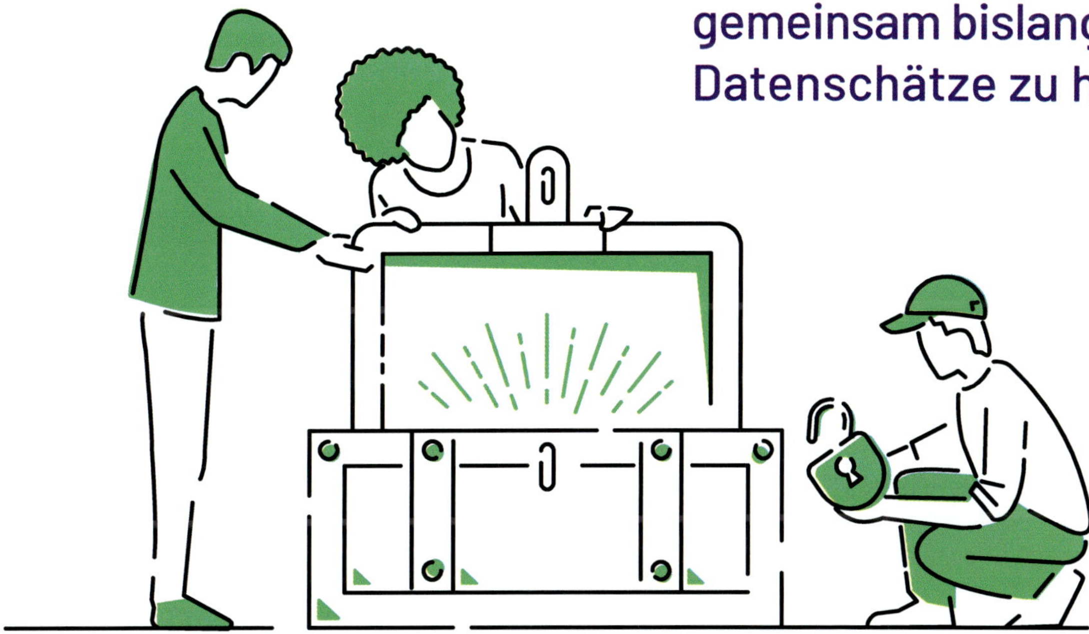

Jetzt ist es endlich Zeit, gemeinsam bislang verborgene Datenschätze zu heben.

ATMOSPHÄRE

Der Kick-Off ist das Herzstück des Hackathons. Hier stellen die Kultureinrichtungen ihre Datensets vor, hier finden sich die Teams zusammen, die damit experimentieren wollen – und hier wird mit der Arbeit losgelegt. Zwei Tage dauert der Kick-Off, in der Regel findet er am Samstag und Sonntag eines Wochenendes statt.

Das Wichtigste ist, für eine Atmosphäre des Willkommens zu sorgen. Und für eine klare Struktur.

Alle Beteiligten sollten wissen, was auf sie zukommt – was nur scheinbar einen Widerspruch zur beschriebenen Offenheit des Events bedeutet. Denn je genauer Datengeber*innen und Teilnehmende darüber im Bilde sind, wie das Programm genau abläuft, was ihr Part dabei ist, welche Programmpunkte und Pausen es gibt, desto sicherer fühlen sie sich. Was wiederum die Voraussetzung dafür schafft, dass sie sich auf Neues einlassen, auf andere zugehen können.

Wie bei jeder gut funktionierenden Veranstaltung ist also auch beim Kick-Off eine minutiöse Planung vonnöten. Es sollte zudem eine Moderation durch den Tag führen, die Menschen begrüßen, Brücken zwischen den einzelnen bauen.

Nützliche Informationen zu allen organisatorischen Fragen finden sich im Toolkit-Ordner 5_Kick-Off in den Dokumenten „Production Bible Kick-Off“, „Raum- und Technik-Anforderungen Kick-Off“ und „Helfer_innen-Briefing Kick-Off“.

ABLAUF

Bevor es losgeht: Das A und O beim Kick-Off ist gutes WLAN!

Die Teilnehmer*innen wollen nicht nur E-Mails checken, sondern sich im Zweifelsfall 1 GB an Daten herunterladen. Entsprechend sollte die Bandbreite ausgerichtet sein, und natürlich auch abgestimmt auf die Zahl der erwarteten Beteiligten. Es empfiehlt sich also, das WLAN vorab zu testen (falls es doch zwischendrin zusammenbricht – was durchaus vorkommen kann – ist es wiederum ein gutes Zeichen: alle arbeiten!).

Wichtig sind:
klare Strukturen sowie eine Willkommensatmosphäre

BEISPIEL / ABLAUF EINES TYPISCHEN KICK-OFFS BEI CDV

Tabelle 3

Programm Kick-Off

SAMSTAG

9:00 Uhr	→ **CHECK-IN**
10:00 Uhr	→ **BEGRÜSSUNG**
10:30 Uhr	→ **DATENPITCHING** One Minute Madness Datengeber*innen stellen ihre Daten vor
11:15 Uhr	PAUSE
11:30 Uhr	→ **AUSFÜHRLICHE DATENPRÄSENTATION** Vorstellung der Daten in parallelen Sessions oder im Markplatz-Format
13:00 Uhr	→ **ZEIT ZUM KREATIV WERDEN** Mittagspause, im Anschluss: freier Austausch
15:30 Uhr	→ **IDEENPITCHING** Teilnehmende stellen Ihre Ideen vor
16:30 Uhr	→ **TEAMBUILDING** Rund im die Ideengeber*innen bilden sich Projektteams
danach (open end)	→ **CODEN** Die frisch formierten Teams fangen mit der Arbeit an
19:00 Uhr	ggf. Abendessen

SONNTAG

9:00 Uhr	→ **CHECK-IN**
10:00 Uhr	→ **BEGRÜSSUNG & CALL FOR PARTICIPATION**
10:15 Uhr	→ **CODEN**
11:00 Uhr	→ **INPUT SESSION I** (optional)
12:30 Uhr	MITTAGSPAUSE
14:00 Uhr	→ **INPUT SESSION II** (optional)
15:00 Uhr	→ **INPUT SESSION III** (optional)
16:00 Uhr	→ **PROJEKTVORSTELLUNG** Alle Teams stellen den aktuellen Stand ihrer Projekte vor.
17:00 Uhr	→ **WRAP-UP** und Beginn der Sprintphase

CHECK-IN

Bei Coding da Vinci hat der Kick-Off in der Regel mit einer Zeit des Check-ins begonnen. Die Eintreffenden erhielten an einem Empfangstisch Unterlagen mit Informationen zum Programm, konnten sich mit Kaffee versorgen sowie im Verlauf des Tages immer wieder auch abseits der eigentlichen Mahlzeiten mit Obst. Punkte wie Verpflegung sind keine Nebensächlichkeiten, sondern essentielle Zeichen der Wertschätzung. Es kommen Teilnehmende, die im Rahmen des Hackathons ihre Freizeit verbringen, ehrenamtlich arbeiten und Neues schaffen wollen – gemeinsam mit anderen, die sie zuvor noch nicht kannten. Entsprechend sollte ihnen Anerkennung dafür entgegen gebracht werden, dass sie sich auf diese Herausforderung einlassen. Es gilt zu kommunizieren, dass jede*r mit offenen Armen empfangen wird – völlig ungeachtet der Frage, was der jeweilige Beitrag der Person sein wird.

BEGRÜSSUNG

Die Veranstaltung startet klassischerweise mit der Begrüßung durch eine Moderation. Üblicherweise sprechen auch die Organisator*innen ein paar Willkommensworte, eventuell gibt es ein Willkommen durch die Gastgeber*innen (falls der Hackathon nicht in den eigenen Räumlichkeiten der Veranstaltenden stattfindet) – und je nach Präferenz folgen darauf noch Grußworte, beispielsweise durch regionale oder lokale Politiker*innen. Die Begrüßung ist das Zeichen an die Teilnehmenden: Wir freuen uns, dass ihr gekommen seid! Ausführlicher muss dieser Teil nicht werden. Schließlich handelt es sich ja um ein Arbeitstreffen.

Verpflegung ist ein essentielles Zeichen der Wertschätzung.

DATENPITCHING

Bei einem Kultur-Hackathon wie Coding da Vinci kommen sehr viele verschiedene Datengeber*innen zusammen, die mit einem bestimmten Datenset antreten. Im Rahmen der sogenannten One Minute Madness werden diese Sets zum ersten Mal kurz vorgestellt. Jede*r Datengebende erhält eine Minute Zeit, um die Versammelten (meist mit einer Präsentationsfolie) auf das Mitgebrachte neugierig zu machen. In diesen 60 Sekunden sollten die Institutionen auf den Kern ihrer Daten verweisen und auf den Punkt bringen, was sie daran begeistert – der beste Weg, um auch andere mit Begeisterung anzustecken. Es ist wichtig, keine Zeit mit Vorreden oder Einführungen zur eigenen Institution zu verlieren. Der Fokus liegt auf den Daten! Später wird es noch die Möglichkeit für ausführlichere Erklärungen und Vertiefungen geben.

In der Regel bedeutet die One Minute Madness für Kultureinrichtungen eine Herausforderung, weil sie diese Präsentationsform schlicht nicht gewöhnt sind – deswegen sollten sie, zum Beispiel in Coachings, darauf vorbereitet werden (s. Kapitel 2: Daten, S. 26).

Der Kreativität sind wiederum keine Grenzen gesetzt. Was frisch, spontan und unerwartet kommt, schafft Aufmerksamkeit. Doch natürlich genügt es auch, schlicht zu erzählen, was an den Daten, mit denen sich die Institution tagtäglich befasst, so faszinierend ist. Denn was am Ende den Funken überspringen lässt (oder eben auch nicht) lässt sich kaum vorhersagen.

Idealerweise sollte es eine Übersicht dieser One Minute Madness als Hand-out mit Raum für Notizen geben – der Ablauf ist rasant, der Input umfangreich. Sind sehr viele Datengeber*innen vertreten, kann auch eine Pause innerhalb der Minute Madness nicht schaden. Die Teilnehmenden müssen die Möglichkeit bekommen, ihre ersten Gedanken festzuhalten.

Performante Präsentationen

Es waren bei Coding da Vinci schon Datengeber*innen vertreten, die für ihre Präsentation in eine zum Datenset passende Rolle geschlüpft sind. Die Vertreter*innen des Staatlichen Museums für Naturkunde Stuttgart etwa haben ein Datenset zu Pflanzengallen (Auswüchse an Blättern, in denen oft Insekten leben) in Form einer Performance vorgestellt – als turbulente Wohngemeinschaft in der Galle.

In 60 Sekunden auf den Punkt gebracht Begeisterung schaffen

Hilfreich ist hier der „Leitfaden One Minute Madness" im Toolkit-Ordner 5_Kick-Off.

Parallele Sessions

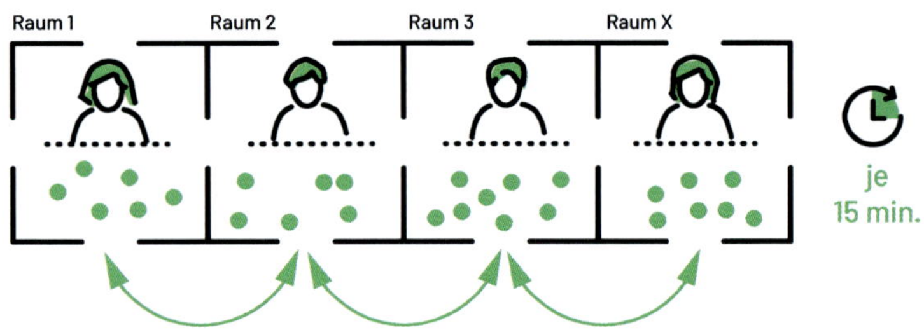

Marktplatz

AUSFÜHRLICHE DATENPRÄSENTATION

Nach der One Minute Madness gilt es, das Momentum zu nutzen. Es sollte auch hier eine Unterbrechung geben, damit alle Gelegenheit haben, sich auf die nächste Situation einzustellen. Jedoch am besten nicht länger als 15 Minuten, damit ein spontan gefasstes Interesse nicht wieder erlischt, oder Eindrücke aus dem Gedächtnis verschwinden.

Nach dieser kurzen Pause stellen die Institutionen ihre Datensets ausführlicher vor. Dafür existieren verschiedene Möglichkeiten.

Ein Szenario sieht so aus, dass sich die Datengeber*innen auf verschiedene Räumlichkeiten verteilen (sofern vorhanden), wo sie in PARALLELEN SESSIONS ihre Datensets näher erläutern (in der Regel visuell unterstützt) und Gelegenheit für Rück- und Nachfragen geben. Diese Präsentationen sollten jeweils nicht länger als eine Viertelstunde dauern (inkl. Rückfragen). Zeitmanagement ist hier von Bedeutung. Schließlich sollen die Teilnehmenden die Möglichkeit haben, zu einem bestimmten Zeitpunkt die Räume zu wechseln.

Eine andere Variante ist der MARKPLATZ. Die Datengeber*innen präsentieren sich an Stehtischen, die wie bei einer Messe auf einen großen Raum verteilt sind – und wo sich direkt miteinander ins Gespräch kommen lässt. Die Teilnehmer*innen haben die Möglichkeit, unmittelbar nachzufragen, oder direkt mit ihren Ideen loszulegen. Es herrscht in der Regel viel Bewegung, die Atmosphäre ist aktivierend.

Beide Formen bieten ihre Vorzüge. Der Akzent ist jeweils ein anderer. Bei den parallelen Sessions liegt der Fokus eher auf den datengebenden Institutionen, beim Markplatz eher auf den Teilnehmenden. Die Einzelpräsentationen betonen den Wert von Kulturerbe als etwas, wofür es sich Zeit zu nehmen lohnt. Der Markplatz – in aller Regel kürzer als die Sessions – setzt auf das kreative Schwarmprinzip. Die Entscheidung ist letztlich eine Geschmacksfrage.

ZEIT ZUM KREATIV WERDEN

Idealerweise schließt sich an die ausführliche Datenpräsentation die Mittagspause an, die gut und gerne zwei Stunden Zeit bekommen sollte und die von enormer Bedeutung ist – denn hier ereignet sich die Magie des Kick-Offs.

Die Teilnehmenden haben den Input aufgenommen, erste Rückfragen gestellt, sind mit den Datengeber*innen ins Gespräch gekommen, vielleicht auch bereits miteinander. Jetzt mischen sie sich beim Essen, sitzen oder stehen zusammen an Tischen, flanieren vielleicht an Grüppchen vorbei, die gerade angeregt im Austausch sind, schnappen Gedanken oder Ideen auf – und können ihrerseits einhaken. Hier greifen die Rädchen ineinander, aus denen sich die Maschinerie des Hackathons ergibt. Jetzt ist die Zeit, sich kennenzulernen und gemeinsam kreativ zu werden. Ein Vorgang, der sich kaum beeinflussen lässt, sondern der organisch passiert.

Wichtig ist, dass die Datengeber*innen beim Mittagessen dabei sind – schließlich geht es bei einem Kultur-Hackathon darum, Institutionen und Communities miteinander zu vernetzen. Die Erfahrung hat außerdem gezeigt, dass Projekte, an denen die Datengeber*innen intensiv beteiligt waren, davon profitieren konnten. Je gemischter die Teams, desto größer der Gewinn für alle Beteiligten.

Wichtig ist, dass die Datengeber*innen beim Mittagessen dabei sind – schließlich geht es bei einem Kultur-Hackathon darum, Institutionen und Communities miteinander zu vernetzen. Die Erfahrung hat außerdem gezeigt, dass Projekte, an denen die Datengeber*innen intensiv beteiligt waren, davon profitieren konnten. Je gemischter die Teams, desto größer der Gewinn für alle Beteiligten.

Teams? Ja – aber offen!

Bei Coding da Vinci ist stets Wert darauf gelegt worden, dass möglichst keine geschlossenen Teams antreten, damit genau diese inspirierenden, überraschenden Begegnungen stattfinden können. Oder dass bereits bestehende Teams zumindest offen sind für weitere Beteiligung. Der Wunsch ist, ein Setting zu haben, in dem neue Kontakte geknüpft werden.

Natürlich ist ein Buffet für diese Situation geeigneter als ein gesetztes Drei-Gänge-Menü.

IDEENPITCHING

Auf die kreative Pause folgt das Ideenpitching: All das, was während des Austausches beim Essen an Gedanken und Vorhaben entstanden ist, wird jetzt auf der Bühne kurz vorgestellt und auf einen Punkt gebracht.

Das Pitching soll keine Drucksituation sein, es sind keine ausgereiften Projekte gefragt – und selbstverständlich muss auch nicht jede*r Teilnehmende etwas Eigenes präsentieren. Es geht darum, Vorhaben im frühesten Stadium ihrer Entwicklung vorzustellen, an die andere andocken können, denen jemand vielleicht noch einen Twist zu geben vermag -o. Auch hier gilt: Alles ist offen.

Vorhaben im frühesten Stadium ihrer Entwicklung vorstellen

Transportiert werden sollte, dass Unfertigkeit kein Manko bedeutet – sondern Möglichkeiten bietet.

DRUCKFREI PITCHEN

Weil das Ideenpitching eine freiwillige Situation ist, kann Geduld verlangt sein. In der Regel gibt es bei jedem Kick-Off Menschen, die es dazu drängt, ihre Gedanken zu teilen, und die schon an der Bühne Schlange stehen. Falls dem nicht so sein sollte, können die Organisator*innen auch auf Teilnehmende zugehen, die bereits Ideen geäu-

Das Eis spielerisch brechen

Es kann hilfreich sein, wenn die Moderation (zum Beispiel mit einem Sidekick) den Teilnehmenden vorweg spielerisch ein oder zwei Varianten anbietet, wie das Ideenpitching aussehen könnte. Beispielsweise: „Hallo, mein Name ist X, ich möchte mit den Daten der Institution Y ein Game entwickeln, bräuchte aber Unterstützung durch eine Person, die Unity beherrscht." Oder: „Mein Name ist X und ich bin Mediengestalter*in, ich würde gerne mit dem Datenset Y arbeiten, weil es mich anspricht, habe aber noch keine zündende Idee dazu – wer könnte helfen?"

ßert haben – und sie bitten, auf der Bühne den Anfang zu machen, das Eis für die anderen zu brechen.

Es kann jedenfalls immer Phasen geben, in denen Pausen entstehen und sich niemand ein Herz fasst. Solche vermeintlichen Durchhänger gehören dazu. Wichtig ist, den Teilnehmenden zu signalisieren: Die Bühne bleibt offen für eure Ideen, alles findet in eurem Tempo statt.

Zudem muss das Ende des Pitchings nicht bedeuten, dass danach keine Ideen mehr angenommen werden. Bei Coding da Vinci ist den Teilnehmer*innen stets die Möglichkeit gegeben worden, auch später noch ihre Impulse einzubringen.

IDEEN FESTHALTEN

Aus technisch-organisatorischer Warte ist es wichtig, dass Menschen das Ideenpitching mitprotokollieren (meist Mitglieder des Organisationsteams). Die zentralen Informationen kommen oft recht unsortiert, deswegen gilt es sie herauszufiltern und auf einem Pad festzuhalten:

- Wer pitcht?
- Was könnte ein möglicher Titel für das Vorhaben sein?
- Worum geht es dabei ungefähr?
- Sind bestimmte Anforderungen gestellt?
- Wo kann ich mit der pitchenden Person ins Gespräch kommen (s. u.)?

Nicht zu vergessen: Den einzelnen Vorhaben sollten Wiedererkennungsmerkmale zugeordnet werden. Bei Coding da Vinci Westfalen-Ruhrgebiet waren dies zum Beispiel Schilder mit Bergmannssymbolen, gut sichtbar im Raum verteilt. Eine andere Variante wäre, Tische im Saal durchzunummerieren und den einzelnen Ideen zuzuordnen. In jedem Fall sollte leicht nachvollziehbar sein, welches Vorhaben an welchem Ort zu finden ist – damit Interessierte leicht dazu stoßen und ins Gespräch kommen können.

Sketchnotes für bleibende Erinnerungen

Was sich bei Coding da Vinci auch bewährt hat, ist ein Graphic Recording bzw. Sketchnotes des Ideenpitchings (meist durch extern engagierte Profis). So bleiben nicht nur schöne Eindrücke von der Veranstaltung, die Grafiken lassen sich auch für die weitere Kommunikation verwenden – etwa als Symbolbilder für das Hackdash, auf dem die einzelnen Projekte zum Abschluss des Kick-Offs eingetragen werden.

Auch hier kann die Moderation helfen, indem sie Brücken baut, Übergänge schafft, etwa ins Gespräch mit einer Person geht, die gerade gepitcht hat, oder etwas Anekdotisches erzählt.

zum Beispiel hier: https://pad.okfn.de/

TEAMBUILDING

Nachdem die Vorhaben gepitcht und die Ideengeber*innen mit einem Wiedererkennungssymbol ausgestattet wurden, braucht es wiederum Zeit. Bei einem zweitägigen Kick-Off ist das Ideenpitching der letzte offizielle Programmpunkt des ersten Tages, nun geht es darum, dass Interessierte in Ruhe mit Ideengeber*innen zusammenfinden, dass Datengeber*innen dazu stoßen und sich Teams bilden können. Auch dies ist in der Regel ein organischer Prozess, der kaum Lenkung benötigt. Die meisten Ideen werden ihr Team finden, einige bleiben übrig. Es gibt nicht den Anspruch, alles zu verwirklichen.

Gut ist es, MENTOR*INNEN mit Hackathon-Erfahrung im Organisationsteam zu haben, die vermitteln und unterstützen können – indem sie zum Beispiel Teilnehmende, die bestimmte Skills mitbringen, aber noch ohne Team sind, mit der für sie passenden Gruppe in Kontakt bringen. Idealerweise bringen die Mentor*innen auch selbst bestimmte Fähigkeiten mit – wie Kenntnisse in Game-Design, in Storytelling oder Programmiersprachen –, so dass sie bei Bedarf die Teams auch selbst unterstützen können.

Besonders gefragt ist diese Vermittlung, wenn es sich um einen Online-Hackathon handelt (s. Kapitel 8: Digitale Alternativen, S. 85). Wenn die Teilnehmenden nicht zusammen in einem Raum sind, bekommt das Teambuilding eine andere Dynamik und braucht im Zweifelsfall mehr Unterstützung.

CODEN

Nach dem Teambuilding klingt der erste Tag des Kick-Offs aus. In der Regel wollen die Teilnehmer*innen, die sich gefunden haben, aber sofort mit der Arbeit loslegen und ziehen sich zurück. Es sollte also abgetrennte Räume geben – oder in einem großen Raum: geeignete Nischen –, in denen ruhiges, konzentriertes Arbeiten möglich ist.

DER ZWEITE TAG

... ist meist ein Sonntag und sollte mit einem CALL FOR PARTICIPATION starten. Die Teilnehmenden versammeln sich, werden mit ihren Ideen noch einmal auf die Bühne gebeten, bekommen Gelegenheit zu erzählen, ob sich etwas verändert hat (an der Idee oder der Teamzusammensetzung), ob sie noch Hilfe oder Unterstützung in irgendeiner Form benötigen.

Organisator*innen sollten damit rechnen, dass nicht alle Teilnehmer*innen an diesem Tag erscheinen. Manche schlafen aus, oder sie treffen sich mit ihrem Team andernorts. Die üblichen Auflösungserscheinungen bei einem Hackathon, die aber kein schwindendes Commitment bedeuten. Es empfiehlt sich, den Hacker*innen den Freiraum zu lassen, den sie brauchen.

Bei Coding da Vinci war dieser zweite Kick-Off-Tag meist angereichert mit INPUT SESSIONS, beispielsweise in Form von Workshops oder Vorträgen zu Themen, die Projekte voranbringen können. Meist waren bei CdV solche Expertisen im Veranstaltungsteam vorhanden. Die Angebote sollten aber selbstverständlich freiwillig sein – der zweite Tag gehört ganz den Teams und der Arbeit an ihren Projekten.

Es kann wiederum ein gemeinsames Mittagessen geben sowie ein WRAP-UP am Abend, um Zwischenbilanz zu ziehen: Wo stehen die Teams mit ihren Ideen? Manche können bereits erste Ergebnisse zeigen, bei anderen hat sich die Idee in eine völlig andere Richtung entwickelt als ursprünglich gedacht. Dieser finale Kick-Off-Austausch dient also der Standortbestimmung – und dazu, einen Ausblick auf die Sprintphase zu geben.

HACKDASH

Bei Coding da Vinci hat sich ein Hackdash oder ein verwandter Ort bewährt, wo die Teams dokumentieren können, woran sie arbeiten. Idealerweise sollte der Ort öffentlich sein, damit auch eventuell später Dazustoßende Zugriff auf das jeweilige Projekt haben. Oder falls noch Ideen dazu kommen.

Take Home Messages

- Minutiöse Planung ist alles.
- Sicherheit geben: durch klare Strukturen, kluge Wegführung und vermittelnde Moderation
- Auch fürs leibliche Wohl sorgen – das ist Wertschätzung!
- Viel Zeit für freien Austausch bieten. Dabei entwickeln sich die Ideen.
- Ideen festhalten: zur Orientierung auf einem Pad, für die Ewigkeit in Sketchnotes und für die Öffentlichkeit im Hackdash

Meist ging es um die Vermittlung von Grundlagenwissen in bestimmten technischen Bereichen, etwa zum Einsatz von Wikidata, zur Arbeit mit Game-Engines, zur Verwendung von GitHub oder generell zu Gamedesign. Auch Inputs zu Storytelling haben sich bewährt.

zum Beispiel: https://hackdash.org/dashboards/cdvbw22

Kapitel 6

SPRINTPHASE

Wie man es schafft, in der Sprintphase den Kontakt zu den Teams nicht zu verlieren, die Motivation hochzuhalten und all das ohne irgendeinen Erwartungsdruck aufzubauen? Wir erklären in diesem Kapitel, wie dieses Kunststück klappt.

Bei Coding da Vinci ist der Sprint eher ein Dauerlauf, bei dem regelmäßiger Kontakt zu den Teams das A und O ist.

Verbindlichkeit schaffen

E-Mail-Vorlagen für die Kommunikation mit Teilnehmenden bietet das Toolkit im Ordner 3_Teilnehmende.

Die Sprintphase bezeichnet bei Coding da Vinci den Abschnitt zwischen Kick-Off und Preisverleihung. Während dieser Zeit entwickeln die Projektteams in der Regel ihre Ideen zu einem lauffähigen Prototyp.

Im Gegensatz zu einem herkömmlichen Hackathon, der in der Regel 48 Stunden dauert, ist die Sprintphase bei CdV mehrwöchig - die große Besonderheit dieses Kultur-Hackathons.

Eine exakte Länge lässt sich nicht vorgeben, die Spanne reichte in der Coding da Vinci-Geschichte von fünf bis zwölf Wochen. Wichtig ist, dass das Ende der Sprintphase vorab klar definiert wird: mit dem Datum der Preisverleihung.

KEINE PAUSE EINLEGEN!

Für die Organisierenden des Hackathons liegt die größte Herausforderung während der Sprintphase darin, den Kontakt zu den Teams zu halten. Besonders wichtig ist, damit nicht zu lange zu warten. Spätestens zwei Tage nach dem Kick-Off sollte eine nachfassende Mail an die Teilnehmenden geschickt werden, um zu signalisieren: Jetzt geht es mit der Arbeit erst richtig los!

Wer das Momentum nutzen möchte, muss Verbindlichkeit schaffen.

Rundmails gehen dabei leicht unter, besser ist es, die Hacker*innen teamweise anzusprechen. Wie schon bei der Teilnehmenden-Akquise gilt: je direkter der Kontakt, desto besser.

REGELMÄSSIGE MEETUPS

Ein guter Weg, um den Kontakt zu halten, ist das Angebot regelmäßiger Meetups - im Prinzip offene Stammtischtreffen, bei denen die Teams zusammenkommen, sei es analog oder online. Menschen aus Tech-Communities werden diese Form von Usergroups kennen, die sich beispielsweise einmal pro Woche an einem jour fixe zum Austausch verabreden.

Diese Meetups benötigen keine aufwändige Organisation. Finden sie physisch statt, genügt ein Raum mit tragfähigem Internet sowie ein paar Snacks und Getränken. Online funktioniert das Treffen natürlich noch niedrigschwelliger.

VERBINDLICHKEIT SCHAFFEN UND FREIRAUM LASSEN

Das Ziel der Meetups ist es, eine Kontinuität des Austauschs zu schaffen – was durchaus eine Herausforderung bedeutet. Die Teams arbeiten während der Sprintphase selbstorganisiert und nach ihrer eigenen Façon. Es kann passieren, dass die Angebote der Treffen von niemandem wahrgenommen werden. Das gilt es auszuhalten – denn daraus folgt nicht automatisch, dass die Teilnehmer*innen von Bord gegangen sind.

Für die Organisierenden bedeutet die Sprintphase eine Gratwanderung. Einerseits sollten sie stets Präsenz zeigen, Hilfsangebote machen und nachhaken, wie der Stand der Dinge bei den Teams ist. Auf der anderen Seite brauchen die Teilnehmenden ihren Freiraum und sollten sich nicht bedrängt fühlen.

AUFMERKSAM BLEIBEN

Die Kunst ist, ein Gespür dafür zu entwickeln, wann Unterstützung benötigt wird. Oft melden die Teams nicht von sich aus Bedarfe an, auch nicht auf Nachfrage. Hilfreich kann hier ein Blick auf die Entwicklungsumgebung sein – Menschen, die sich zum Beispiel mit GitHub auskennen, werden registrieren, wenn sich dort tagelang nichts tut. Möglicherweise ein Zeichen dafür, dass die Arbeit ins Stocken geraten ist und Anschub braucht. Generell ist es deshalb gut, wenn in den Veranstaltungsteams Menschen vertreten sind, die sich mit der Arbeit von Tech-Communities auskennen und ein Sensorium für sie besitzen.

ERWARTUNGEN FORMULIEREN

Ganz pragmatisch empfiehlt es sich, die klare Erwartung an die Teams zu formulieren, dass zumindest eine Person aus ihrer Gruppe an den Meetups teilnimmt. Finden die Treffen zu einer arbeitnehmer*innenfreundlichen Zeit statt – und noch dazu online – sollte sich eine kurze Wasserstandsmeldung ohne großen Aufwand für alle einrichten lassen. Das verleiht der Sprintphase mehr Verbindlichkeit – und gewährleistet, dass möglichst viele der Teams aus dem Kick-Off bei der Preisverleihung auch ein Projekt präsentieren können. Diesbezüglich brauchen die Veranstalter*innen schließlich Planungssicherheit. Idealerweise hat die Projektkoordination einen guten Draht zu den Teilnehmenden und findet die passende Ansprache.

> Die Sprintphase erfordert Fingerspitzengefühl von den Organisierenden

ANGEBOTE MACHEN

Nicht zuletzt dienen die Meetups dazu, die Teilnehmer*innen konkret in ihrer Arbeit zu unterstützen.

In vielen Fällen sind Fachleute gefragt die mit ihrer Expertise weiterhelfen können: Designer*innen, Menschen mit Erfahrung in Storytelling, Autor*innen, Sprecher*innen. Bisweilen ist dieses Knowhow in anderen Teams vorhanden, so dass die Teilnehmenden sich untereinander aushelfen. Oder eine Person besitzt einen Kontakt, den sie unkompliziert vermitteln kann.

Vermittlung zwischen Datengebenden und Teilnehmenden

Eine wesentliche Aufgabe der Veranstalter*innen in der Sprintphase ist, als Mittler*innen zwischen Datengebenden und Teilnehmenden zu fungieren. Oft hakt hier der Kontakt, bleibt zum Beispiel die Mail eines Teams mit der Bitte um ein Bild in höherer Auflösung unbeantwortet. Was an den unterschiedlichen Arbeitsweisen und Sprachen von Institutionen und Communities liegen kann. Oder daran, dass manche Datengeber*innen ihre Rolle bei dem Kultur-Hackathon missinterpretieren – es genügt eben nicht, beim Kick-Off ein Datenset zur Verfügung zu stellen und dann bei der Preisverleihung zu schauen, was daraus entstanden ist. Die Mitwirkung der Institutionen ist essentiell. Daran zu erinnern, kann ebenfalls Aufgabe der Organisator*innen sein.

Auf Augenhöhe: Institutionen und Teams in der Sprintphase

Idealerweise sind die Datengeber*innen (wie im Kapitel 5: Kick-Off, S. 58 beschrieben) Teil der Teams und tragen aktiv zur Entwicklung der Projekte bei. Eine Konstellation, die sich natürlich organisch ergeben muss. Ergibt sie sich nicht, müssen die Kultureinrichtungen zumindest für die Hacker*innen ansprechbar bleiben und schnell auf Fragen reagieren. Die Teilnehmenden – die schließlich ehrenamtlich arbeiten – dürfen nicht das Gefühl bekommen, gegenüber den Datengebenden Bittsteller*innen zu sein. Auch für die Sprintphase gilt: Alles passiert auf Augenhöhe. Ein Kultur-Hackathon hat keine Hierarchien.

GEWINN DURCH KOOPERATION

Findet eine echte Zusammenarbeit zwischen Institutionen und Teams statt, profitieren die Projekte in der Regel enorm davon. Dafür findet sich in der Coding da Vinci-Geschichte eine Fülle von Beispielen:

Etwa „[Blomberg]VARsetzen", entstanden auf der Grundlage eines Datensets des Freilichtmuseums Detmold. Die Kultureinrichtung hatte Bilder eines historischen Hauses zur Verfügung gestellt, das auf das Gelände des Museums versetzt wurde – Fotos vom ursprünglichen und neuen Standort mit Umgebung. Die Teilnehmer*innen wollten daraus ein Virtual-Reality-Modell in 3D entwickeln, benötigten aber zusätzliche Daten, wie Grundrisse und architektonische Hintergründe. Die konnte das Museum nachliefern – so dass in der Sprintphase ein technisch anspruchsvolles Projekt entstand, das neue Perspektiven zu erschließen vermochte.

Ein Virtual Reality-Modell in 3D – entwickelt beim Kultur-Hackathon

Vom Kultur-Hackathon direkt ins Museum

In anderen Fällen arbeiteten Teams so eng mit Institutionen zusammen, dass entstehende Projekte direkt in den Räumlichkeiten des Museums oder der Bibliothek präsentiert werden konnten. Etwa in Form einer Medienstation. Das Projekt „Freiheit DIY" ist so ein Beispiel - ein bereits erwähntes VR-Spiel, entstanden auf der Basis eines Datensets des Zuse-Computer-Museums (ZCOM) in Hoyerswerda, das ein Stück DDR-Geschichte erlebbar macht. Während der Sprintphase war eine Mitarbeiterin des ZCOM im Team beteiligt, die zwar selbst nicht programmiert, sich aber bereits Gedanken über den möglichen Einsatz der Anwendung gemacht hat. Im ZCOM wurden schließlich Rechner und VR-Headsets bereit gestellt, mit denen sich das Spiel vor Ort erleben lässt.

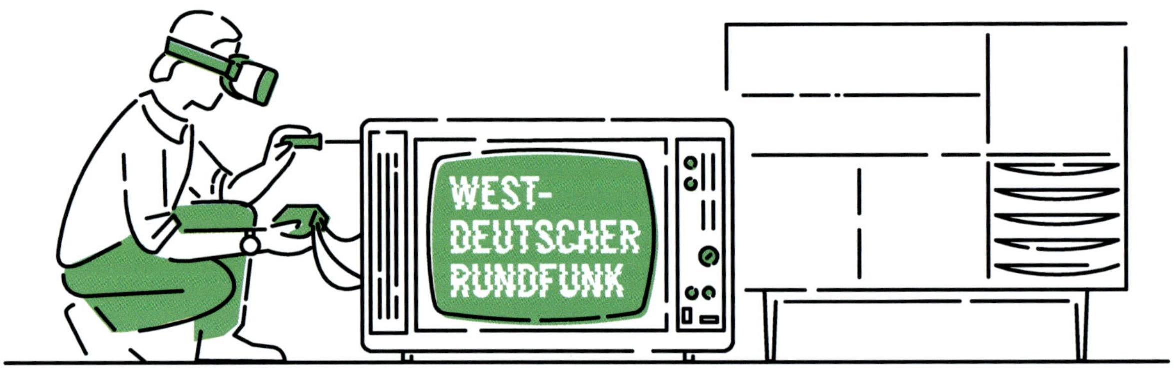

SCHEITERN ERLAUBT

Bestenfalls gehen in der Sprintphase Aushandlungsprozesse zwischen Institutionen und Teams vonstatten, die zum Ziel haben, dass beide Seiten ein für sie passendes Ergebnis bekommen.

Natürlich gibt es auch den Fall, dass die Arbeit an unerwartete Grenzen stößt. In der Regel wird dann allerdings nicht auf ein neues Datenset umgestiegen. Auch ein Scheitern ist ein Ergebnis, das sich dokumentieren und im Zweifelsfall bei der Preisverleihung vorstellen lässt – so dass andere davon lernen und Erkenntnisse daraus ziehen können.

BLICK RICHTUNG PREISVERLEIHUNG: KOMMUNIKATION STRUKTURIEREN

Rückt die Preisverleihung näher, geht erfahrungsgemäß die Aktivitätskurve innerhalb der Teams noch einmal steil nach oben. Es ist nicht ungewöhnlich, dass bis zuletzt – noch während der Veranstaltung im Raum – an den Projekten gearbeitet wird.

SICHERHEIT GEBEN

In jedem Fall ist es hilfreich für die Teams, wenn die Hackathon-Veranstalter*innen den Ablauf der Sprintphase auch in der Kommunikation klar strukturieren – indem sie zum Beispiel eine Halbzeitmeldung an alle Teilnehmer*innen herausgeben und gerade im direkten Vorfeld der Preisverleihung sehr engmaschig in den Austausch mit den Teams gehen. Abzuklären gilt es in jedem Fall, ob die Teilnehmenden spezielle Technik für ihre Präsentation benötigen, was vor Ort vorhanden ist, was sie selbst mitbringen und was zusätzlich bereitgestellt werden muss.

Je genauer die Teams vorab wissen, was bei der Preisverleihung von ihnen erwartet wird, desto sicherer fühlen sie sich bei ihrer Präsentation. Die Veranstalter*innen sollten unter anderem kommunizieren, welche Länge sie sich für die einzelnen Projektpräsentationen vorstellen – und wann diese einzureichen sind. Beim Setzen von Fristen gilt es, die goldene Mitte zwischen den organisatorischen Bedürfnissen nach genug Vorlauf und der letzten Minute, die den Teilnehmenden besonders wichtig ist, zu finden – sowie Geduld und starke Nerven mitzubringen, denn in der Regel wird die erste gesetzte Frist von sämtlichen Teilnehmenden gerissen, die zweite Frist jedoch nur noch von der Hälfte usw. Entsprechend muss die Planung getaktet sein.

Scheitern schafft Lerneffekte

Im Toolkit-Ordner 6_Sprintphase befindet sich ein Beispiel für ein detailliertes „Briefing Teilnehmende Preisverleihung".

Ein hilfreicher Hinweis ist oft, dass an den Projekten selbst noch bis zuletzt gearbeitet werden kann und nur die Präsentationen vorab abgegeben werden müssen.

INFORMIEREN UND MOTIVIEREN

Im Toolkit-Ordner 7_Preisverleihung finden sich nützliche Vorlagen für Veranstalter*innen, wie sie Öffentlichkeit für die Preisverleihung schaffen und mit den Geladenen kommunizieren können: eine „Einladung Preisverleihung", ein „Reminder Preisverleihung" und ein allgemeiner „Infotext" auf Deutsch und Englisch.

Für die Organisierenden besteht ein großer Teil der Sprintphase aus der Vorbereitung der Preisverleihung. Dafür sind sie auf die Kooperation der Teams angewiesen. Auch deshalb ist es wichtig, mit den Teilnehmer*innen in engem Kontakt zu bleiben, sie zu informieren und zu motivieren.

Projektarbeit bis zur letzten Sekunde – über die Präsentationsabgabe hinaus

Take Home Messages

- Kontakt zu den Teams halten ohne aufdringlich zu wirken
- Hilfe anbieten, Enabler sein, ggf. Türen bei Datengeber*innen öffnen
- Preisverleihung vorbereiten: Was wird von den Teams erwartet? Welche (technischen) Voraussetzungen müssen dafür erfüllt sein?

Kapitel 7

PREISVERLEIHUNG

Wie würdigt man am besten die Arbeit der Teilnehmenden? Welche Preiskategorien gibt es? Welche Preise werden vergeben? Und wer entscheidet darüber nach welchen Kriterien? Alle Fragen rund um den Oscar-Moment des Hackathons beantworten wir in diesem Kapitel.

Bei einem Hackathon gewinnen alle – seien es neue Erfahrungen, neue Kontakte, neue Fähigkeiten oder eben Preise.

AND THE WINNER IS … EVERYBODY!

Wie bereits beschrieben, sollte bei einem Kultur-Hackathon nicht der Wettbewerbsgedanke im Vordergrund stehen. Entsprechend geht es auch bei der Preisverleihung nicht primär darum, Sieger*innen zu küren, vielmehr werden mit dieser Veranstaltung das Engagement und die Arbeit der Teilnehmenden insgesamt gewürdigt. Jenseits aller Konkurrenz ist es aber eine schöne Geste, herausragende Leistungen und Ideen auszuzeichnen – wie es im Rahmen der Preisverleihung geschieht.

DIE ATMOSPHÄRE

... sollte feierlich sein. Die Preisverleihung ist eine Gala, die den Teilnehmenden die Bühne bereitet – nicht auf pompöse Weise, aber in einem angemessen Rahmen. Anders als beim Kick-Off liegt der Fokus nicht auf Partizipation und Vernetzung, sondern klar auf der Präsentation der Projekte. Im Mittelpunkt stehen nicht die Datengeber*innen, sondern die Teams. Sie zeigen ihre Ergebnisse vor Publikum, eine Jury berät darüber und verkündet schließlich die Preisträger*innen und die Begründungen für ihre Entscheidungen.

Für die Teilnehmer*innen – die oft noch buchstäblich bis zur letzten Sekunde an ihren Projekten arbeiten – ist es in der Regel ein aufregendes Event. Umso wichtiger, dass die bestmöglichen Rahmenbedingungen dafür geschaffen werden. Was bei der Wahl des Veranstaltungstages beginnt, der an einem Wochenende liegen sollte, aus Rücksicht darauf, dass die meisten der Teilnehmenden arbeiten oder studieren. Falls die Preisverleihung an einem Freitag stattfindet, sollte sie zumindest nicht vor 17 Uhr starten.

Gut vorzubereiten gilt es selbstredend auch die Präsentationen. Die Teams müssen wissen, was sie mit welchen Mitteln in welcher Zeit präsentieren können, damit der Ablauf so reibungslos wie möglich funktioniert.

Wichtig: Technik-Check

Die Organisierenden sollten unbedingt im Vorfeld abklären, welche Technik die Teams benötigen. Falls beispielsweise bestimmte Adapter nicht vorhanden sind und auch nicht beschafft werden können, müssen die Teilnehmer*innen rechtzeitig darüber informiert werden. Auch der zeitliche Rahmen der Präsentationen sollte vorab genau abgesteckt werden.

Preisverleihungen besser an einem Wochenende

Einen guten Überblick gibt die „Production Bible Preisverleihung" im Toolkit-Ordner 7_Preisverleihung.

Rund um das Thema Jury bietet auch das Toolkit im Ordner 7_Preisverleihung nützliche Informationen: „Jury Akquise", „Jury Briefing", „Jury Projektübersicht" und „Jury Bewertungsmatrix"

Es spricht auch nichts dagegen, die Jury mit ein oder zwei Honoratior*innen zu besetzen, falls Organsierende auf diesem Wege jemandem einen Gefallen erweisen möchten - zumal Honoratior*innen ja durchaus Sachverstand (oder sogar Investitionskapital) mitbringen können.

Wobei bedacht werden sollte, dass Online-Voting anfälliger für Manipulation ist.

DIE JURY

Bei Coding da Vinci ist stets großer Wert darauf gelegt worden, dass eine Fachjury berufen wird - schon aus Respekt gegenüber der Leistung der Teilnehmer*innen sollten die Juror*innen Kenntnisse in den Kategorien mitbringen, in denen die Preise vergeben werden. Sprich: Es wäre beispielsweise nicht ratsam, ausschließlich Kunsthistoriker*innen über einen „Most Technical"-Preis befinden zu lassen. Natürlich können sich nicht alle Jury-Mitglieder in allen Fragen und Belangen gleichermaßen auskennen. Generell sollte aber sichergestellt sein, dass zu jeder Preiskategorie mindestens ein Jurymitglied inhaltlich fundiert sprechen kann. Bei Coding da Vinci war die Jury in der Regel mit fünf Personen besetzt.

Pro Preiskategorie mindestens ein inhaltlich fundiertes Jurymitglied

PUBLIKUMS-VOTING

Die Anzahl der vergebenen Preise variierte zwischen vier und sieben Kategorien. Eine der Auszeichnungen war jedoch immer der Publikumspreis. Es empfiehlt sich sehr, diese Kategorie einzuplanen, um den Besucher*innen die Möglichkeit der Beteiligung zu geben. Dafür sollten die Veranstaltenden sich ein Voting-Verfahren überlegen. Eine klassische und verlässliche Option ist der analoge Stimmzettel, auf dem das favorisierte Projekt angekreuzt wird und der anschließend in eine Wahlurne wandert. Natürlich können aber auch Online-Tools zur Abstimmung genutzt werden.

PREIS-KATEGORIEN

Die Preis-Kategorien sind frei wählbar und können auch während des Hackathons noch angepasst werden, wenn sich ein Gefühl dafür einstellt, in welche Richtung die präsentierten Projekte führen. Werden die Kategorien dagegen schon im Vorfeld festgelegt und kommuniziert, haben Teilnehmende den Vorteil, dass sie ihre Projekte im Zweifelsfall danach ausrichten können – sollten sie Wert auf eine Auszeichnung legen.

Wiederkehrende Kategorien, die sich bei Coding da Vinci bewährt haben und die für einen Kultur-Hackathon auf jeden Fall passend sind, waren unter anderem „Best Design" oder „Most Technical" -o. In Frage für diesen Technik-Preis kämen etwa Visualisierungs-Projekte, die großen Aufwand betreiben, um Daten so zu modellieren, dass sie visualisiert werden können. Oder ein Game, das einen besonders sauber programmierten Code zur Basis hat.

Bei CdV gab es Kategorien wie „Funniest Hack" (denn viele der Projekte kommen mit einem Augenzwinkern), „Most Unusual Approach", oder auch „Out of Competition" – immer eine gute Option für den Fall, dass außergewöhnliche Projekte gewürdigt werden sollen, die in keine der festgelegten Kategorien passen. Ebenfalls oft vergeben wurde ein Preis in der Kategorie „Most Useful" – sicher eine dehnbare Kategorie, die aber der Jury Spielraum gibt.

Jurymitglieder formulieren die Begründungen für die Preisvergaben selbst

In jedem Fall formulieren die Jurymitglieder die Begründungen für ihre Preisvergaben selbst. Wichtig ist, dass diese Voten nachvollziehbar und verständlich gehalten sind.

Eine Hierarchie im Sinne eines Siegerpodestes mit verschiedenen Stufen gab es bei Coding da Vinci zwischen den und innerhalb der Kategorien nie. Natürlich wäre es auch denkbar, auf Kategorien ganz zu verzichten und stattdessen beispielsweise Gold-, Silber- und Bronze-Trophäen zu vergeben. Allerdings würde das der Veranstaltung einen kompetitiveren Charakter verleihen.

Magischer K.I.-Spiegel

Ein Projekt, das mit dem „Most Technical"-Preis bedacht wurde, war beispielsweise „Flecture", entstanden bei CdV Baden-Württemberg 2022 – ein Magic Mirror ermöglicht es in dieser Anwendung, Kleidungsstücke auf Basis von ausgewählten Kunstwerken der Staatsgalerie Stuttgart an der eigenen Spiegelung zu erleben, etwa von Van Gogh oder Cézanne. Ein technisch höchst aufwändiges, K.I.-gestütztes Projekt.

DIE PREISE

Bei Coding da Vinci wurden nie Geldpreise vergeben. Zu gewinnen gab es lediglich Sachpreise, die das jeweilige Veranstaltungsteam ohne großen Aufwand zur Verfügung stellen konnte.

Die Spanne reichte von Tickets für die re:publica über regionale Kultur-Jahreskarten bis zum Wochenendtrip ins Amsterdamer Rijksmuseum mit einer privaten Führung hinter den Kulissen. Gerade Preise, die nicht käuflich zu erwerben gewesen wären, kamen stets gut an. Auch Workshop-Teilnahmen sind attraktiv – zumal dann, wenn das Thema mit dem bearbeiteten Datenset oder dem entstanden Projekt zu tun hat, beispielsweise 3D-Druck oder Lasercut. Wird der Workshop exklusiv für das Sieger*innen-Team gegeben, macht das den Preis noch wertiger. Auch Veranstaltungen rund um das Thema Gründung sind attraktiv für viele Teilnehmende eines Kultur-Hackathons.

Preise gleichwertig zusammenstellen

Eine Preis-Option mit Projekt-Bezug kann natürlich auch Hardware sein – etwa ein VR-Headset, das allerdings schon teuer sein kann. Generell empfiehlt es sich, die Preise einigermaßen gleichwertig zusammenzustellen – und möglichst so, dass Sieger*innenteams auch untereinander tauschen können.

DER ABLAUF

BEISPIEL / ABLAUF EINER TYPISCHEN PREISVERLEIHUNG BEI CDV

UHRZEIT	PROGRAMMPUNKT
ab 10:00 Uhr	→ CHECK-IN
11:00 Uhr	→ BEGRÜSSUNG Grußworte
11:30 Uhr	→ KEYNOTE (kann auch nach Mittagspause, Marktplatz etc. stattfinden, z.B. wenn sehr viele Projekt präsentiert werden)
12:00 Uhr	→ PROJEKTPRÄSENTATIONEN
13:00 Uhr	→ MITTAGSIMBISS → PROJEKTE-MARKTPLATZ → JURYRUNDGANG UND-BERATUNG → PUBLIKUMSVOTING
15:30 Uhr	→ PREISVERLEIHUNG
16:00 Uhr	→ ENDE DER VERANSTALTUNG BZW. UMTRUNK / AUSKLANG

Tabelle 4 Programm Preisverleihung

Da die Preisverleihung wie beschrieben einen Gala-Charakter hat, eignet sie sich einerseits, um Medien einzuladen – schließlich werden Ergebnisse präsentiert, anhand derer sich der Kultur-Hackathon anschlussfähig erzählen lässt. Und sie bietet eine gute Gelegenheit, Menschen einzubinden, die das Event ideell unterstützen: Vertreter*innen aus der Politik, Mitarbeitende von Ministerien, Ämtern, Handelskammern oder ähnlichen Institutionen, die auch ein (kurzes) Grußwort sprechen können. All das verleiht der Veranstaltung ein besonderes Gewicht und stärkt den feierlichen Rahmen.

Selbst wenn es sich um einen kleinen Hackathon mit 20 Teilnehmenden handelt, den eine einzelne Kultureinrichtung mit den eigenen Daten veranstaltet, ist es schön, wenn die Direktion ein Grußwort hält – weil es der Preisverleihung auch symbolisch Bedeutung verleiht.

Wobei wiederum nicht aus dem Blick geraten sollte, dass es sich bei der Preisverleihung eines Kultur-Hackathons trotz allem um eine informelle Veranstaltung handelt. Es gilt bei diesem Event, die Balance zu finden: nicht zu abgehoben, nicht zu klein gedacht. Nicht alles muss professionell durchorganisiert sein, es darf auch technische Pannen geben.

Wichtig ist, dass eine gut vorbereitete Moderation durch den Tag führt. Sie hat in diesem Fall einen leichten Job – klassische, frontale Event-Moderation. Sie kündigt die Sprecher*innen und die Teams an, gestaltet die Übergänge zwischen den Präsentationen, stellt vielleicht im Nachgang ein oder zwei Fragen, um die Zeit des Umbaus zu überbrücken, ordnet die Preisvergabe und setzt der Veranstaltung den Schlusspunkt.

KEYNOTE

Häufig gab es bei Coding da Vinci im Rahmen der Preisverleihung eine Keynote. Natürlich werden Keynotes in der Regel zu Beginn einer Veranstaltung gehalten, nicht am Ende, aber eine solche Rede kann auch thematische Brücken zum Anfang bauen und noch einmal den Geist einer Veranstaltung beschwören.

Die Keynote sollte thematisch mit Offenheit, offenen Daten, zivilgesellschaftlichem Engagement, Mitbestimmung und Partizipation zu tun haben – und hauptsächlich für die Teilnehmenden relevant sein. Die Datengebenden haben schließlich schon im Vorfeld von der Datenberatung profitieren können, jetzt sollen die Teilnehmer*innen noch einmal Input mitnehmen, der sie bereichert.

Zum Ablauf finden sich im Toolkit-Ordner 7_Preisverleihung ein Beispiel für ein „Helfer_innenbriefing" und nützliche Informationen zu „Raum- und Technikanforderung" der Preisverleihung.

Und die Erfahrung hat gezeigt: Es gibt sie immer.

Bei CdV haben u.a. Menschen wie der ehemalige Kulturstaatsminister Julian Nida-Rümelin, die Wissenschaftlerin und Open-Access-Fachfrau Ellen Euler, Douglas McCarthy von der Europeana oder die Museumskuratorin und Open-GLAM-Aktivistin Merete Sanderhoff Keynotes gehalten.

pars pro toto genannt für die Vielzahl artverwandter Anwendungen

Flexibel bleiben

Generell müssen sich die Veranstalter*innen auf eine gewisse Bandbreite technischer und logistischer Varianten vorbereiten: Manche Teams wollen ihren Mac anschließen, andere den Linux-Rechner, wieder andere das Tablet. Manche haben analoge Poster vorbereitet, wieder andere eine kurze szenische Performance einstudiert. Üblicherweise bewegen sich die Teilnehmenden indes auf bewährtem Terrain – mit Videoeinspielern oder Power Point.

Die Keynote darf durchaus eine theoretische Flughöhe haben, sie darf politisch sein, auch aktivistisch. Natürlich ist sie nicht obligatorisch. Gerade, wenn eine Fülle von Projektpräsentationen ansteht, ist sie verzichtbar.

PROJEKTPRÄSENTATIONEN

Die Organisierenden sollten sich im Vorfeld Gedanken darüber machen, wie viel Zeit sie insgesamt für die Projektpräsentationen einplanen wollen und diese Spanne dann auf die einzelnen Beiträge herunterrechnen. Pro Projekt empfehlen sich rund fünf Minuten – nicht wesentlich mehr.

Werden viele Projekte vorgestellt (ab 15 aufwärts), kann die Präsentation auch in zwei Blöcken erfolgen, mit einer Pause dazwischen. Ansonsten leidet die Aufnahmefähigkeit.

Die Jury sollte auf jeden Fall Unterlagen parat haben, auf denen sie sich während der Präsentationen Notizen machen kann – als Basis für ihre spätere Diskussion.

SPANNBREITE DER PRÄSENTATIONSFORMEN

Inhaltlich sind die Teams bei der Vorstellung ihrer Projekte natürlich völlig frei – zumal sie in der Regel sehr unterschiedliche Ergebnisse mitbringen. Manche bereiten Screencasts vor, die durch das Projekt führen, andere wählen die klassische Power-Point-Präsentation. Auch Google-Slides erfreuen sich traditionell großer Beliebtheit. Einmal mehr gilt also: Stabiles Internet ist unverzichtbar!

Die Herausforderungen sind meist technischer Art und betreffen Hardware: verschiedene Anschlüsse und Adapter, die es vorzuhalten gilt, Sound, der ausgesteuert werden muss. Es empfiehlt sich, ein oder zwei Technik-Expert*innen vor Ort zu haben, die auf alle Eventualitäten schnell reagieren können. Es ist auch ratsam, vor der Veranstaltung zumindest einen kurzen Technik-Check für jedes Projekt durchzuführen. Pannen sind nie auszuschließen – aber manche Stolperfallen können vermieden werden.

Die Teilnehmenden wiederum benötigen in der Regel kein Coaching für ihre Präsentationen. Meist sind zumindest einige der Team-Mitglieder versiert im Pitching von Projekten.

MARKTPLATZ, JURYSITZUNG UND PUBLIKUMSVOTING

Nach den Präsentationen laufen Markplatz, Juryberatung und Publikumsvoting parallel. Eine schöne Geste ist es, währenddessen ein Catering anzubieten – für Mittags- oder Kaffeepause, je nachdem, wann die Veranstaltung stattfindet.

Auf dem MARKTPLATZ haben alle Teams eine Station – einen Stand gleich welcher Art, an dem die Gäste ihr Projekt selbst ausprobieren können und die Jury ggf. in Ruhe ihre Fragen an die Teams stellen kann. Auch dafür sollte Zeit eingeplant werden.

Unbedingt sollte es auf diesem Marktplatz einen geführten Juryrundgang geben, in dessen Zuge die Juror*innen noch einmal alle Teams besuchen, gegebenenfalls Anwendungen ausprobieren, Erkundigungen einholen. Es ist wichtig für die Teilnehmenden, dass diese Formalität erfüllt wird. Schwärmen einzelne Jurymitglieder aus und gehen nur punktuell in den Austausch, fühlen andere sich zurückgesetzt.

Ebenso haben alle Besucher*innen jetzt Gelegenheit, an den Ständen zu erkunden, worauf sie während der Präsentationen neugierig geworden sind – und anschließend ihre Stimme für das PUBLIKUMSVOTING abzugeben, virtuell oder analog. Ebenfalls ein Abschnitt der Preisverleihung, der Zeit braucht.

Um die Timeline zu konkretisieren: Für den Juryrundgang sollten ca. 45 Minuten eingeplant werden, so dass die Juror*innen im Anschluss direkt in die Beratung gehen können. Insgesamt benötigen Marktplatz, Jurysitzung und Publikumsvoting inklusive Auszählung der Stimmen gut und gerne zwei Stunden Zeit.

Die Jurysitzung

In der Regel entscheidet die Jury über drei bis fünf Preise – pro Preis sollte es 15 bis 20 Minuten Diskussionszeit geben, selbst wenn nicht in jeder Kategorie über alle Projekte debattiert werden muss. Schließlich sollten die Juror*innen nicht nur eine Entscheidung treffen, sondern auch mindestens einen Satz zur Begründung formulieren. Auch muss ausgehandelt werden, wer welchen Preis auf der Bühne verkündet.

Auch hier sollten Veranstaltende die technischen Anforderungen zuvor mit den Teilnehmer*innen abklären. Brauchen sie Bildschirme, Flipcharts, Metaplanwände, Internet? Welche Art Tisch, welchen Aufbau bevorzugen sie (sofern es die Möglichkeit zur flexiblen Gestaltung gibt)?

Ein abschließender Juryrundgang zu allen Teams ist unerlässlich

PREISVERLEIHUNG

Nach dem Marktplatz ist der letzte Programmpunkt die Preisübergabe - der Höhepunkt und feierlichste Moment. Es werden Fotos gemacht, die Teams haben ihren Rampenlicht-Moment.

Diese eigentliche Preisverleihung ist allerdings auch ein Chaos-Herd. Die Sieger*innen-Teams sind beispielsweise unsicher, ob sie auf die Bühne kommen und etwas sagen sollen, die Mitglieder sitzen verstreut, oder sind gerade nicht im Raum. Auch hier ist eine strukturierende Moderation hilfreich, die dazu klare Aussagen trifft - obwohl natürlich auch sie nicht jegliche Unwägbarkeit ausschließen kann.

Die Übergabe der Preise markiert das Ende dieser Veranstaltung. Je nach Lust und Budget können die Organisator*innen im Anschluss noch zu einem Umtrunk einladen - oder die Veranstaltung einfach ausklingen lassen.

Take Home Messages

- Klarer Fokus auf der Arbeit der Teams
- Kompetente Fachjury einberufen und Publikumsvoting ermöglichen
- Aufmerksamkeit schaffen und nutzen - in den Medien, in der Politik, in der Wirtschaft und im eigenen Haus
- Genügend Zeit einplanen!

Eine strukturierende Moderation hilft, den Oscar-Moment herzustellen.

Kapitel 8

DIGITALE ALTERNATIVEN

Einen Hackathon online durchführen: Geht das? Die kurze Antwort lautet: Ja, ziemlich gut sogar. In diesem Kapitel teilen wir unsere Erfahrungen aus der Zeit der Corona-Pandemie (und danach) und empfehlen, was aus unserer Sicht am besten funktioniert hat.

Online ist anders – ein guter Überblick und geduldige Moderation sind noch wichtiger als beim analogen Hackathon.

LEARNING BY DOING

Durchaus machbar: ein virtuell durchgeführter Hackathon

Vor 2020 gab es keine virtuelle Ausgabe von Coding da Vinci. Das mag auf den ersten Blick verwundern, schließlich ist ein Hackathon ein digitalaffines Format. Dennoch stand es vor der Pandemie nicht einmal zur Debatte, eine Online-Teilnahme für Menschen zu ermöglichen, die aus verschiedenen Gründen nicht physisch präsent sein können. Der Hackathon wurde als analoge Veranstaltung schlicht nicht hinterfragt. Das hat sich inzwischen grundlegend – und auch nachhaltig – geändert. Nicht nur bei Coding da Vinci.

Als im März 2020 der erste Lockdown in Deutschland verhängt wurde, liefen die Vorbereitungen für die Drei-Länder-Ausgabe Coding da Vinci Saar-Lor-Lux. Der Kick-Off der geplanten Präsenzveranstaltung war für Mai 2022 terminiert. Angesichts der neuen Umstände hat das Organisationsteam mit extremem Engagement und Zeitaufwand den gesamten Hackathon ins Digitale übersetzt – beraten durch eine externe, mit Online-Veranstaltungen erfahrene Agentur. Schließlich war diese Expertise bis dato bei CdV nicht vorhanden.

Anfangs bestand Skepsis

Ein Hackathon lebt von der persönlichen Begegnung im Raum, von der Eins-zu-Eins-Kommunikation. Wie soll das in der digitalen Sphäre funktionieren? Wie können die Teilnehmer*innen online gemeinsam kreativ werden? Das Learning by Doing hat gezeigt: es funktioniert!

Es wurde eine andere Ausgabe als frühere, es war auch eine Form von Offenheit verlangt. Aber der Spirit von Coding da Vinci ist ebenso erhalten geblieben wie die Struktur (speziell die lange Sprintphase, die zur DNA des Hackathons gehört). Bei jeder der folgenden Ausgaben haben regionale Veranstaltende etwas Neues probiert und Neues gelernt, das sie an andere Organisierende weitergeben konnten. Was funktioniert online – und was nicht?

TOOLS FÜR DEN ONLINE-HACKATHON

Erwiesen hat sich, dass mit einem Dreiklang an Tools die nahezu originalgetreue Nachbildung der Live-Situation eines Hackathons möglich ist – und dass sich die Struktur eines Online-Hackathons so gut erhalten lässt.

Alle drei Tools lassen sich über den gesamten Verlauf des Hackathons zur Verfügung stellen, so dass Teilnehmer*innen die Links dazu bookmarken und wieder dorthin zurückkehren können.

1. **VIDEOKONFERENZTOOL**
   für Plenumssituationen wie die Datenpräsentation oder das Ideenpitching. Auch die Onboardings funktionieren gut über Videokonferenztools, die meist auch Breakout-Möglichkeiten für verschiedene Szenarien bieten.

Dabei sollte beachtet werden, dass die vermeintlich bequemen Lösungen – à la Zoom – oft problematisch hinsichtlich Datenschutz und Datenmanagement sind. Es existieren aber gute Open-Source-Lösungen wie BigBlueButton oder Jitsi, die teilweise selbst gehostet werden können und wo die Daten beherrschbar bleiben.

2. **TOOL FÜR INTERAKTIVE VIRTUELLE BEGEGNUNGEN**
   Soll eine Marktplatzsituation geschaffen werden (wie etwa beim Kick-Off), kommt ein Tool für virtuelle Begegnungen ins Spiel – wie gather.town oder die Open-Source-Variante WorkAdventure. Diese Plattformen bieten eine n-zu-n-Kommunikation, die es den Teilnehmenden ermöglicht, sich frei zu bewegen, sich in kleinen Gruppen auszutauschen oder sogar zu flanieren und Gesprächsfetzen oder Gedanken aufzuschnappen, die wiederum eigene Ideen in Gang setzen. Mit diesen Tools lässt sich also der magische Kaffee- oder Mittagspausen-Moment herstellen, der bei einem Hackathon zum Wichtigsten zählt (s. Kapitel 5: Kick-Off, S. 55).

3. **TEXTBASIERTES CHAT-TOOL**
   Ein Tool im Stile von Slack oder Discord ist dringend vonnöten. Auch hier gibt es Open-Source-Alternativen wie Mattermost oder Rocket.Chat. Dieses Tool dient der asynchronen Kommunikation, die bei einer Online-Veranstaltung von besonderer Bedeutung ist – weil die Teilnehmenden darüber nachvollziehen können, was sich aktuell wo ereignet, an wen sie sich wie wenden können. Es dient als Referenzpunkt, an den sich zurückkehren lässt. In einem solchen Chat-Tool können die Organisierenden verschiedene Räume aufmachen, die sie nach Datengeber*innen oder Datensets, später nach Projektteams benennen.

In den Fällen, in denen diese Orientierung fehlte, war die Tendenz zum Zerfasern in jedem Stadium der Veranstaltung groß.

DIGITAL PLANEN

ORGANISATION + TIMELINE

Das Entscheidende bei der Organisation eines Online-Hackathons ist, dass die Planung im Vorfeld noch minutiöser ausfallen muss, als bei einer analogen Veranstaltung. Abläufe, die bei einem Präsenz-Hackathon fast automatisch vonstatten gehen, können online plötzlich überraschen. Es genügt schon zu vergessen, dass das Umswitchen des Bildschirms eine Zeit brauchen wird, schon hakt es an dieser Stelle – und es ergibt sich eine Situation wie bei einem Stau. Nur eine*r bremst, schon bildet sich eine kilometerlange Schlange. Entsprechend sollten die Abläufe gründlich geprobt werden – was wiederum Zeit kostet, die eingeplant werden muss.

Auch die Teilnehmer*innen-Akquise gestaltet sich bei einem Online-Hackathon in der Regel noch langwieriger – weil es komplexer ist, ohne persönliche Begegnung jene Verbindlichkeit herzustellen, die das A und O in der Kommunikation mit potenziell Interessierten ist. Allein mit Rundmails in Universitätsverteilern lässt sich keine ausreichende Zahl an Teilnehmenden gewinnen. Es bleibt also nicht aus, so nah wie möglich mit den Zielgruppen in Kontakt zu treten – ist eine Videokonferenz die größtmögliche Nähe, muss die Akquise eben darüber laufen.

Auch während der einzelnen Etappen des Online-Hackathons ergibt sich eine Reihe von kleineren und größeren Unterschieden zur analogen Veranstaltung, die vorab bedacht werden sollten:

KICK-OFF

ONE MINUTE MADNESS

Ihre Datensets binnen einer Minute pointiert zu präsentieren – das stellt Kulturinstitutionen schon in einer analogen Situation oft vor Herausforderungen. Kommt noch eine technische Hürde dazu, macht das die Lage entsprechend angespannter. Nicht selten wird wertvolle Zeit mit einem nicht eingeschalteten Mikrofon oder der Frage vergeudet, ob man zu hören sei. Auch hier gilt deshalb: unbedingt vorab proben und die Technik testen! Es genügt nicht, ein allgemeines Tutorial zu zeigen, die Präsentation muss mit allen Akteur*innen einzeln durchgegangen werden, damit sie sich während der One Minute Madness sicher fühlen. Gerade Menschen, die mit digitalen Lösungen fremdeln hilft es nur, wenn sie die Technik in Ruhe ausprobieren können.

und das sind im Kulturbereich erfahrungsgemäß nicht wenige

Erstens, weil jemand die Verantwortung trägt, falls etwas schief läuft. Zweitens, weil gerade eine Situation wie die One Minute Madness mit ihren komplizierten Abläufen ansonsten Kräfte aus dem eigenen Team bindet, die auch an anderer Stelle gebraucht würden.

Auch die One Minute Madness selbst will getaktet sein. Einerseits gibt es eine Präsentation, die durchläuft, andererseits Menschen, die dann jeweils zugeschaltet werden. Es kommt hier auf Schnelligkeit an, Verzögerungen sind enervierend für alle Beteiligten.

Verschiedene Organisator*innen-Teams haben unterschiedliche Lösungen für diese Situation gefunden. Manche entschieden sich, die Regie an ein externes Dienstleistungsunternehmen auszulagern – zumindest für jene Teile, die sich in Videokonferenzräumen abspielten. Das kann sinnvoll sein.

Die Kurzpräsentationen sind online zudem anstrengender zu konsumieren – weswegen es sich empfiehlt, Pausen einzubauen. Bei den Online-Ausgaben von CdV wurden selten mehr als zehn Datensets hintereinander vorgestellt. Gibt es kurze Unterbrechungen, entstresst das auch die Techniker*innen.

Ein Online-Hackathon erfordert im Vorfeld noch minutiösere Planung.

We're in this together

Um während der Veranstaltung ein möglichst starkes Gemeinschaftsgefühl zu schaffen, können Organisator*innen sich haptische Dinge einfallen lassen, die vorab allen Teilnehmenden zugeschickt werden und die beim Hackathon Verwendung finden. Wie etwa Reaktionskärtchen, oder ein Symbol, das von allen geteilt und im Hintergrund platziert wird. Das bedeutet zwar Aufwand, kann eine Gruppe aber zusammenschweißen.

TEAMBUILDING

Online bietet es sich an, die ausführlichere Datenpräsentation der Institutionen frontal in parallelen Sessions zu veranstalten. In Breakout-Rooms wird meist die Möglichkeit, Rückfragen zu stellen, aktiver genutzt. Eine Marktplatzsituation herzustellen ist zwar möglich (wie oben beschrieben). Dennoch bleibt es online schwieriger als bei einer physischen Veranstaltung, sich in ein gerade stattfindendes Gespräch einzuklinken.

Für das Teambuilding bei einer Online-Veranstaltung ist deshalb vor allem wichtig, das Ideen-Pitching gut zu organisieren. Hier kommen die Teilnehmenden erstmals in Kontakt mit den Gedanken, die andere sich zu den Datensets machen. Möglichst genaue und gut strukturierte Notizen, wer eine Idee gepitcht hat, wie diese Idee lautet, was zur Umsetzung gebraucht wird und wo die Person im Anschluss zu finden ist, sind besonders wichtig - damit alle wissen, wohin und an wen sie sich nach dem Pitching wenden müssen, wenn eine Idee sie interessiert.

Virtuelles Tischerücken

Bei Coding da Vinci hat sich im Laufe mehrerer Online-Hackathons die Gewohnheit entwickelt, die Datengeber*innen am Anfang des Kick-Offs an feste virtuelle Tische zu platzieren - Orte, die in gather.town oder Work Adventure eindeutig markiert waren. Teilnehmende bekamen diese Übersicht ausgehändigt. In ihren Unterlagen fanden sie eine Tabelle, die Datengebende, Datenset und ein entsprechendes Symbol oder einen Buchstaben für den jeweiligen Tisch listete. Die Tische nebst der Markierung lassen sich später auch umwidmen und den Projektteams zuordnen.

ORIENTIERUNG IST ALLES!

Ein zentrales Learning aus Online-Veranstaltungen lautet: Orientierung ist alles. Es muss mehr erklärt werden als bei einer physischen Veranstaltung - auch durch die Moderation, die sehr viel mehr gefordert ist. Ein analoger Raum erklärt sich auf eine völlig andere Weise selbst als ein virtueller Raum.

Wenn Umgebungen wie gather.town oder WorkAdventure genutzt werden, müssen Organisierende vorab testen, ob die Wegeleitungen nachvollziehbar sind. Unbedingt sollten auch Chaos-Szenarien geprobt werden, verursacht durch rücksichtslose Test-User. Es lässt sich kaum eine Eventualität denken, die nicht ins Kalkül zu ziehen ist.

Mit Test-Usern mögliche Chaos-Szenarien durchspielen

Über Videokonferenzen regelmäßige MeetUps abhalten

SPRINTPHASE

In der Sprintphase ist vor allem der durchgängige Chat-Kanal wichtig für die Organisierenden. Das Tool verschafft ihnen die Möglichkeit mitzubekommen, wo ein Projekt voranschreitet, und wo nicht. Haben sie beispielsweise von einem Team seit einer Woche nichts auf Mattermost oder Rocket.Chat gehört, wäre das ein Anlass, kurz nachzuhaken, ob alles in Ordnung ist. Selbstredend können die Teilnehmenden nicht verpflichtet werden, diesen Kanal zu benutzen. Aber er bietet eine niedrigschwellige Option, in Kontakt zu treten.

Die Teams können sich darüber auch selbst organisieren. Viele der Chat-Tools haben zudem eine Videokonferenz-Funktion (wie Mattermost oder Slack), über die sich unaufwändig regelmäßige MEETUPS abhalten lassen, etwa wöchentlich zu einem festen Zeitpunkt. Wiederum ein freiwilliges Angebot – das aber Kontinuität und Verbindlichkeit schafft, die online noch wichtiger sind als bei einer analogen Veranstaltung. Zumindest eine Person aus jedem Team sollte teilnehmen und ein kurzes Update geben. Es liegt bei den Veranstalter*innen darauf zu achten, dass die Teams bei der Stange bleiben.

PREISVERLEIHUNG

Auch die Preisverleihung lässt sich online relativ leicht mit einem Videokonferenz-Tool organisieren. Zum Beispiel kann das Team ins Spotlight gesetzt werden, das gerade an der Reihe ist und präsentiert oder ein Video zeigt. Aber auch das will geprobt sein.

Im Vorfeld sollten die Organisator*innen wiederum sehr detailliert bei den Teams abfragen, was sie präsentieren wollen und mit welchen Mitteln. Falls sie ein Video zeigen wollen, gilt es zu klären, ob das Videokonferenz-Tool dazu geeignet ist. Nichts Technisches sollte einfach vorausgesetzt werden!

Was sich für die Online-Preisverleihung wiederum gut anbietet: Eine Jurysitzung in einem Breakout-Room oder einem anderen Videokonferenz-Raum abzuhalten. Schwer zu organisieren ist in diesem Kontext allerdings der Marktplatz. Auch dafür kann eine gather.town-Umgebung geschaffen werden, allerdings bietet sich dort nicht die Möglichkeit, den Teilnehmer*innen über die Schulter zu schauen und zu sehen, was sie auf ihrem Laptop präsentieren.

Natürlich kann die Jury online die Möglichkeit bekommen, Rückfragen an die Teams zu stellen. Allerdings sollte darauf geachtet werden, dass dann auch wirklich jedem Team eine Frage gestellt wird und sich niemand zurückgesetzt fühlt. Die Wertschätzung muss zumindest annähernd gleich verteilt sein.

BUDGET

Ist ein Online-Hackathon kostengünstiger als eine analoge Veranstaltung?

Die Frage lässt sich nicht pauschal beantworten. Wenn Organisierende eine Agentur engagieren, die Regie führt, schlägt das zu Buche. Auch Streaming-Technik ist ein nicht geringer Posten im Finanzplan. Es braucht Kameras und Menschen, die sie bedienen, eine Technik, die diese Bilder in einer Videokonferenz zusammenführt.

Online ist nicht unbedingt günstiger als analog.

Allerdings sind auch basalere Lösungen denkbar – eine Person bedient den Laptop, auf dem eine Präsentation läuft, eine andere sitzt vor ihrem Rechner und moderiert. Auch so kann eine Online-Veranstaltung funktionieren. Abgesehen von technischen Mehrkosten spart ein Online-Hackathon Geld für Raummiete oder Catering.

Verpflegung ist essentiell

Denn auch Menschen in einer Kachel haben einen Körper, der versorgt sein will. Deswegen wurde bei einigen digitalen CdV-Ausgaben versucht, den auch den Online-Teilnehmer*innen etwas Gutes zu tun. Aus pragmatischen Gründen mit einem Gutschein für einen Lieferdienst (pro Tag zwischen 13 und 15 Euro für jede*n Teilnehmende*n) - gedacht vor allem als Geste.

HYBRIDE ERFAHRUNGEN

Die Erfahrung hat gezeigt, dass auch in postpandemischen Zeiten manche Menschen sich mit Präsenzveranstaltungen (noch) nicht wieder wohl fühlen und sie meiden. Gut denkbar, dass sich auch auf längere Sicht hybride Formate etablieren – Veranstaltungen, die sowohl physische wie digitale Teilnahme ermöglichen.

Austausch zwischen online und analog erfordert weiteren Organisationsaufwand.

Eine große Aufgabe bleibt es, gleiche Voraussetzungen für den Fall zu schaffen, dass einige Teilnehmende vor Ort und andere online dabei sind. Ein wirklicher Austausch zwischen diesen beiden Gruppen lässt sich nur schwer organisieren. Schlussendlich müssen sich auch diejenigen vor Ort an den Rechner begeben, um mit den Online-Teilnehmenden etwas gemeinsam zu machen.

Und wenn die Datengebenden vor Ort und die Hacker*innen online sind, ergibt sich als Nachteil, dass keine Möglichkeit besteht, gemischte Teams zu schaffen. Irgendeine Art der Trennung wird es bei der hybriden Veranstaltung so oder so geben.

Hybrid und dreisprachig

Der Kick-Off von „Coding da Vinci Ost³" fand zum Beispiel in dem Sinne hybrid statt, dass die Datengebenden vor Ort waren, die Teilnehmenden online. Ging es in Gesprächssituationen, haben die Datengeber*innen sich ebenfalls vor die Rechner begeben und so Augenhöhe hergestellt. Die Veranstaltung hat also insofern gut funktioniert, dass alle Teilnehmer*innen gleiche Voraussetzungen hatten. Allerdings laufen Veranstaltungsteile wie die One Minute Madness oder das Ideenpitching sehr viel flüssiger ab, wenn alle auf einer Bühne stehen und nacheinander präsentieren. Zudem war „Coding da Vinci Ost³" eine dreisprachige Veranstaltung, bei der simultan ins Polnische und Tschechische und vice versa übersetzt wurde – keine kleine Herausforderung.

DIGITAL VS. ANALOG – PRO & CONTRA

Beide Varianten – analog und digital – haben ihre Vor- und Nachteile.

Was bei einem Online-Hackathon auf der Contra-Seite steht: Es ist im virtuellen Raum weit schwieriger, Teams aus Teilnehmenden zu bilden, die sich nicht vorher schon kannten. Während viele an einem Präsenz-Hackathon teilnehmen, um neue Leute kennenzulernen, liegt die Hürde, auf andere Menschen zuzugehen und mit ihnen über Wochen zusammenzuarbeiten, im Digitalen ungleich höher. Die Erfahrung hat gezeigt, dass sich online oft kleinere Teams formieren – oder Einzelkämpfer*innen ihre Projekte allein betreiben. Hier hat die physische Veranstaltung ein klares Plus.

Auf der anderen Seite funktioniert es online oftmals besser, Institutionen und Hacker*innen miteinander in Kontakt zu bringen und gemischte Teams zu stiften. Bei vielen digitalen CdV-Ausgaben fiel es den Institutionen leichter, auf Teilnehmende zuzugehen. Hier scheint die Hemmschwelle wiederum im Analogen höher zu liegen.

Insgesamt – und gerade angesichts der Tatsache, dass digitale Veranstaltungen längst an Selbstverständlichkeit gewonnen haben – lässt sich festhalten: Ein Kultur-Hackathon funktioniert auch online gut. Es gibt Unterschiede zum Analogen, der Aufwand ist an manchen Stellen höher. Aber mit einer guten Vorbereitung, einer angemessenen technischen Ausrüstung und einer geduldigen Moderation lässt sich eine für alle Seiten zufriedenstellende Veranstaltung organisieren.

Vor- und Nachteile sind in beiden Formaten vorhanden.

Take Home Messages

- 3 Tools = 1 gelungener Online-Hackathon
- Open Source Tools nutzen und auf Datenschutz achten
- Peinlich genau planen und exzessiv testen (mit allen Beteiligten)
- Präzise und übersichtliche Unterlagen bereitstellen
- Orientierung auch durch die Moderation gewährleisten

Kapitel 9

UND DANN?

Zu guter Letzt klären wir hier Fragen der Nachhaltigkeit – in Bezug auf Daten genauso wie im Hinblick auf die entstandenen Projekte und Netzwerke. Denn das Ende des Hackathon kann auch der Beginn von etwas sein.

Wenn die Saat des Hackathons aufgehen soll, braucht es die richtige Pflege.

Das Einfachste und Mindeste, was Kultureinrichtungen tun können: Den Teilnehmer*innen im Nachgang noch einmal für die investierte Zeit und ihren bereichernden Blick auf die Daten zu danken.

WAS PASSIERT MIT DEN ERGEBNISSEN?

Die Veranstalter*innen sollten dafür sorgen, dass die Ergebnisse des Hackathons nach der Preisverleihung publik gemacht werden, beispielsweise auf einer Webseite. Auch, im Anschluss noch eine Pressemitteilung herauszugeben. Darüber hinausreichende Schritte in Sachen Publicity können natürlich die datengebenden Institutionen unternehmen, die in der Regel über die größere Öffentlichkeitspower verfügen.

Es geht auch hier darum, den Teilnehmer*innen Wertschätzung für ihre ehrenamtliche Arbeit entgegen zu bringen – neben Sachpreisen schließlich das einzige, was sie für ihr Engagement bekommen können. Das heißt, die Institutionen sollten in jedem Fall (ungeachtet der Frage, ob sie ein entstandenes Projekt implementieren wollen, oder nicht) die Leistung der Teams anerkennen, die sich wochenlang mit ihren Daten beschäftigt haben.

Den Schwung der Preisverleihung nutzen, um Projekte voranzubringen

Offenheit braucht Höflichkeit

Selbst wenn die Teilnehmenden keine Kapazitäten haben, steht es der Institution selbstredend frei, das Projekt weiter zu entwickeln, beziehungsweise entwickeln zu lassen. Alle Ergebnisse des Hackathons sind schließlich offen zur Nachnutzung. In diesem Fall geböte es allerdings der Respekt, das Team zumindest darüber zu informieren. Meist wird niemand Einwände erheben. Offenheit ist schließlich der Geist von Coding da Vinci.

Umgekehrt können natürlich auch die Teilnehmer*innen unabhängig von der datengebenden Institution ein Projekt weiter verfolgen. Wenn die Teams oder Einzelne die offenen Daten weiter nutzen oder in andere Kontexte setzen wollen, sind sie frei, das zu tun - und nicht gehalten, darum zu bitten. Diesbezüglich existiert ein Unterschied zwischen Institutionen und Individuen, die sich eben in verschiedenen Machtpositionen befinden.

WEITERE SCHRITTE MIT OFFENEN DATEN

Sehen Institutionen das Potenzial, ein Projekt fortzuführen, ihm eventuell noch eine neue Richtung zu geben, sollten sie sich natürlich erst recht mit dem Team in Verbindung setzen und ausloten, ob bei den Teilnehmer*innen (abhängig von der individuellen Lebenssituation und Motivationslage) die Bereitschaft besteht, weiter daran zu arbeiten. In der Regel sind die Hacker*innen gerade nach einer Preisverleihung sehr motiviert. Wenn dieses Momentum genutzt wird, kann daraus eine Dynamik entstehen, die ein Projekt weiter voranbringt. Soll sich aus den Projekten - zum Zeitpunkt der Preisverleihung im Status von Prototypen - weiter etwas entwickeln, ist es meist am vielversprechendsten, wenn Datengebende und Teilnehmende an einem Strang ziehen.

WIE KANN ICH FÜR MEHR NACHHALTIGKEIT SORGEN – IN BEZUG AUF DIE DATEN, PROJEKTE UND BEZIEHUNGEN?

Die Daten nachhaltig offen verfügbar zu halten, ist im Sinne der Veranstaltung eine Mindestanforderung. Idealerweise sollte dies allerdings nicht die Endstation für die Daten sein. Bestenfalls gehen sie in große Repositorien ein, große Datenpools, wo sie in guter Gesellschaft sind – wie Wikidata, Wikimedia Commons oder die Deutsche Digitale Bibliothek. Ökosysteme des freien Wissens also, wo die Daten besser auffindbar sind. Auch hier besteht die Möglichkeit, mit den Institutionen weiter im Austausch zu bleiben, wie ihre Daten am sinnvollsten eingesetzt werden können.

Bei Coding da Vinci ist beispielsweise ein Nextcloud-Server eingerichtet worden, der auch über das Ende des Gesamtprojekts hinaus online bleibt.

Zur Nachhaltigkeit der Projekte haben bei Coding da Vinci dreimonatige Stipendien beigetragen, auf die sich Teilnehmer*innen nach der Preisverleihung bewerben konnten – unabhängig davon, ob sie einen Preis gewonnen hatten, oder nicht. Viele Projekte haben dadurch tatsächlich Produkt-Status erreicht. Viel Geld und Zeit braucht es dafür also gar nicht, vielmehr das Momentum und den Willen auf allen Seiten, noch einen Schritt weiter zu gehen.

Diese Stipendien (32 konnten insgesamt dank der Förderung durch die Kulturstiftung des Bundes ausgelobt werden) umfassten eine monatliche finanzielle Unterstützung von jeweils 1250 Euro und individuelle Workshop-Angebote.

Freilich sind nicht alle Projekte für die Weiterentwicklung nach dem Hackathon geeignet – was auch nicht alle Teilnehmenden oder Datengebenden wollen. Es wäre auch falsch, einen Automatismus anzunehmen: Wird nur mehr Geld in ein Projekt investiert, entsteht eine verwertbare Anwendung. Eher empfiehlt es sich, ein wenig Geld und Ressourcen in der Hinterhand zu haben, falls der Wunsch entsteht, weiter zu arbeiten. Ein Kultur-Hackathon bleibt immer ergebnisoffen. Die Veranstaltung ist eine Spielwiese, keine Produktfabrik.

Die Beziehungen fortleben zu lassen, ist schließlich die größte Herausforderung. Oft bedeutet das Ende der Preisverleihung auch das Ende der gemeinsamen Reise, Teilnehmer*innen verlieren sich aus den Augen. Falls Menschen keine Lust verspüren, den Kontakt zu halten, lässt sich das nicht ändern. Schließlich geschieht alles im Rahmen der Veranstaltung freiwillig.

Niedrigschwellige und informelle Nachtreffen anbieten

Mission: Dauerhafte Netzwerke

Der Anspruch von Coding da Vinci war stets, dass die während des Hackathons geknüpften Kontakte die Veranstaltung überdauern – die Kontakte zwischen den Teilnehmenden untereinander, diejenigen zwischen Teams und Datengeber*innen ebenso wie die unter den Datengebenden und schlussendlich auch die zwischen den Veranstalter*innen. Aus diesem Grund wurde CdV auch regional ausgerichtet, schließlich funktioniert das Netzwerken auf dieser Ebene einfacher – allerdings auch nicht von allein.

Netzwerke zwischen Institutionen sind oft am leichtesten zu knüpfen. Sie sind bei der Veranstaltung aufeinander getroffen und konnten in Gesprächen erfahren, wo die jeweiligen Interessen liegen, wo sich Schnittmengen ergeben. Solche losen Netzwerke lassen sich in Form von Stammtischen oder Arbeitskreisen intensivieren.

Empfehlenswert ist, zumindest das Angebot von Nachtreffen zu machen, die niedrigschwellig und informell ablaufen. Das hilft, die (hoffentlich gute) Erinnerung an den Hackathon wach zu halten – ungeachtet der Frage, ob das Angebot wahrgenommen wird oder nicht.

Take Home Messages

- Ergebnisse öffentlich machen, würdigen und ggf. sogar fördern
- Gemeinsame Perspektiven ausloten
- Datenpool pflegen und weiterentwickeln
- Nachtreffen anbieten

115
nſtantly w
e went into th
s body was 100
ute. While Dr. FOR
e flaſk was brought in,
ated to 100°, and a dry clo
face of the flaſk quite dry;
et again, and ſtreams of wa
which continued till the heat of
en to 122°, when Dr. FORDYCE
fter having remained fifteen mi-
; juſt before he left the room his
n a minute, but the heat under
and of his urine, did not exceed
CE obſerves, that as there was no
tly a condenſation of vapour on
enerated but by the animal pow
of this experiment, Dr. FOR
the thermometer ſtood
d immediately went ou
g the leaſt inconv
the tranſition f
rtful as migh
ation is fo
cold.
Renard
header-container">
container">
logo-text">
="sr-only">Coding Da Vinci</h1>
Kultur-Hackathon
26./27. April & 5
</div>
signup" href="/mitmachen/#kulturinstitution">
class="smooth-scroll scroll-hint" href="#inhalt">
#9660; ▼ ▼ ▼</a></div>
v class="background header-above">
div class="container-fluid nav-container" id="inhalt">
<nav class="navbar navbar-davinci" role="navigation">
<div class="navbar-header">
<a class="navbar-brand" href="/">
<img src="/img/nav-logo.png" alt="Coding Da Vinci"/>
</a>
</div>
<ul class="nav navbar-nav navbar-right">
<li class="touchable separator">
<a href="/mitmachen/">Mitmachen! ▾</span></a>
<ul class="nav navbar-nav">
<li><a href="/mitmachen/#kulturinstitution">Kulturinst
<li><a class="" href="/mitmachen/#teilnehmer">Teilneh
<li><a class="" href="/mitmachen/#challenges">Chall
</li>
class="separator „>
href="/daten/">Daten</a>
="separator „>
/programm/">Programm</a>
rator „>
kte/">Projekte</a>
er/">U
targe
/div>
ner header-c
ogo-container">
"logo-text">
ass="sr-only">Codi
r Kultur-Hackathon<
</div>
n-signup" href="/mitmac

DANKSAGUNG

Coding da Vinci – Der Kultur-Hackathon wurde zwischen 2019 und 2022 im Programm Kultur Digital der Kulturstiftung des Bundes gefördert als gemeinsames Projekt der Deutschen Digitalen Bibliothek, dem Forschungs- und Kompetenzzentrum Digitalisierung Berlin (digiS), der Open Knowledge Foundation Deutschland und Wikimedia Deutschland.

gefördert im Programm:

Vielen Dank an alle Teilnehmenden, Datengeber*innen und Regionalveranstalter*innen, die Coding da Vinci unterstützt, bereichert und möglich gemacht haben. Es sind ihre Erfahrungen und Beiträge, ihr Engagement und Knowhow, die in dieses Playbook eingeflossen sind.

Danke auch denjenigen, die direkt an der Entstehung dieses Playbooks beteiligt waren – insbesondere an Patrick Wildermann, der den Text auf Basis zahlreicher Interviews mit den Mitarbeitenden der Coding da Vinci-Geschäftsstelle, Philippe Genêt, Andrea Lehr und Ilias Kyriazis, geschrieben hat.

MIX
Papier | Fördert gute Waldnutzung
FSC® C083411

ISBN 978-3-11-108317-9
e-ISBN (PDF) 978-3-11-108588-3
DOI https://doi.org/10.1515/9783111085883

Library of Congress Control Number: 2023936599

Bibliografische Information der Deutschen Nationalbibliothek
Die Deutsche Nationalbibliothek verzeichnet diese Publikation in der Deutschen Nationalbibliografie; detaillierte bibliografische Daten sind im Internet über http://dnb.dnb.de abrufbar.

Redaktion: Philippe Genêt, Ilias Kyriazis, Andrea Lehr, Coding da Vinci-Geschäftsstelle, Deutsche Nationalbibliothek
Design, Illustration and Typesetting: Editienne, Berlin
Druck und Bindung: CPI books GmbH, Leck

www.degruyter.com